양자역학,
보이지 않는 세계를 열다

미래생각발전소 21 양자역학, 보이지 않는 세계를 열다

초판 1쇄 발행 2023년 8월 30일
초판 2쇄 발행 2025년 7월 15일

글쓴이 김성호 | **그린이** 이경국
펴낸이 김민지 | **펴낸곳** 미래M&B
등록 1993년 1월 8일(제10-772호)
주소 04030 서울시 마포구 동교로 134(서교동 464-41) 미진빌딩 2층
전화 02-562-1800 | **팩스** 02-562-1885
전자우편 mirae@miraemnb.com | **홈페이지** www.miraei.com
블로그 blog.naver.com/miraeibooks | **인스타그램** @mirae_ibooks
ISBN 978-89-8394-954-7 74300 | ISBN 978-89-8394-550-1 (세트)

＊잘못 만들어진 책은 구입처에서 바꾸어 드립니다.
＊이 책은 저작권법에 따라 한국 내에서 보호받는 저작물이므로 무단 전재와 복제를 금합니다.

아이의 미래를 여는 힘, **미래 𝑖 아이**는 미래M&B가 만든 유아·아동 도서 브랜드입니다.

지식과 생각의 레벨업
미래 생각발전소

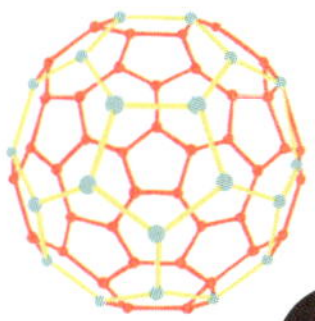

양자역학,
보이지 않는 세계를 열다

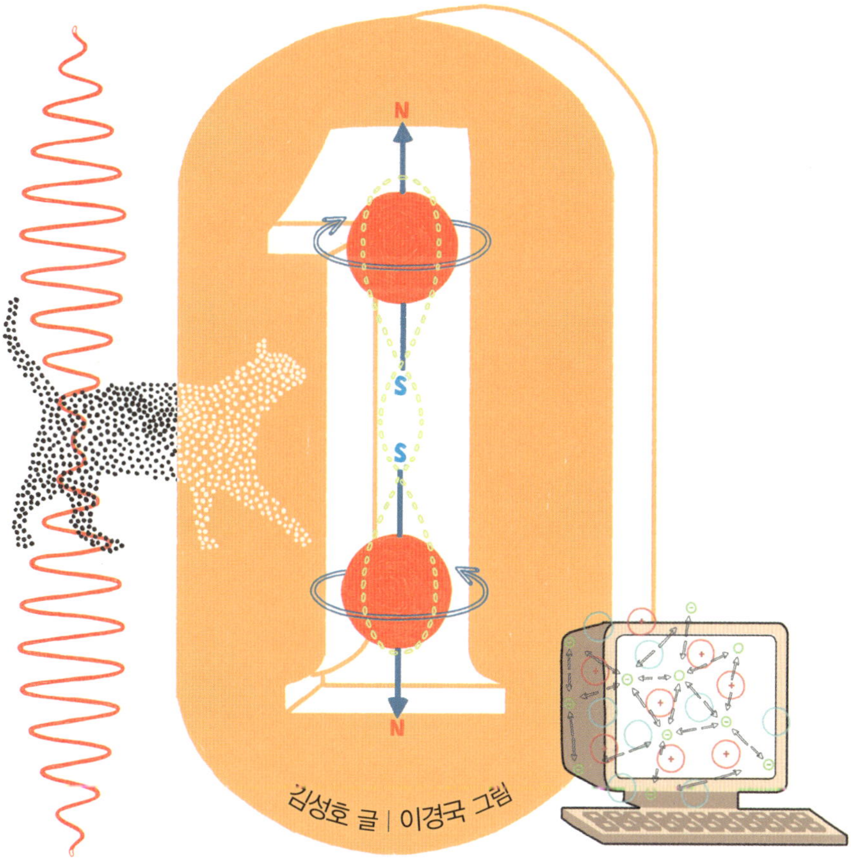

김성호 글 | 이경국 그림

미래i아이

머리말

100여 년 전, 서구 과학자들은 물리학은 이제 완성되었다고 생각했어요. 물리학은 자연에서 일어나는 거의 모든 현상을 설명할 수 있었거든요. 너무도 완벽해 새로운 물리 법칙은 발견되지 않을 거라고 사람들은 믿었어요.

그것은 엄청난 착각이었어요. 19세기 말, 원자 연구가 시작되면서 기존 물리학은 삐꺽거리기 시작했어요. 원자나 전자, 빛처럼 사람 눈에 보이지 않는 작은 세계(미시 세계라 부릅니다.)의 존재들은 기존 물리학 법칙을 잘 따르지 않았던 거예요.

이 미시 세계의 존재들은 너무도 엉뚱했어요. 행동 하나하나가 괴기스럽기 짝이 없었습니다. 홍길동처럼 동에 번쩍, 서에 번쩍 순간 이동을 하고, 짬짜면처럼 짜장면이면서 동시에 짬뽕인 두 가지 상태를 유지하다 철가방을 열면 짬짜면 상태가 붕괴하여 짜장면과 짬뽕 둘 중 하나로 결정되기도 해요. 또 한 켤레의 양말처럼 짝을 이룬 물질을 우주의 양 끝에 떨어뜨려 놓아도 그들은 한 몸처럼 행동해요. 기존 물리학은 이런 불가사의한 행동을 설명할 수 없었어요. 이 불가사의한 세계를 설명하려면 완전히 새로운 과학 이론이 필요했어요. 그것이 양자역학이에요.

패러다임이라는 말을 들어 본 적이 있나요? 어떤 시대에 사는 사람들이 옳다고 생각하는 세계관이나 이론을 패러다임이라고 불러요. 중세 유럽에는 기독교가 사람들의 정신세계를 지배하는 패러다임이었고, 조선 시대에는 유교가 패러다임이었어요. 패러다임은 영원하지 않아요. 새로운 세계관이 등장하면 패러다임은 바뀌어요. 양자역학의 출현은 과학의 패러다임을 바꾼 혁명적인 사건이었어요.

　스마트폰, 컴퓨터, 냉장고, 통신 등등, 오늘날 우리가 누리는 현대 기술 문명의 상당수는 양자역학 덕분이에요. 양자역학이 없었다면 인류 문명은 양자역학이 없었던 100여 년 전으로 시계추를 돌려야 해요. 우리가 양자역학을 알아야 하는 이유예요.

　물리학은 역사가 가장 길어서 '과학의 왕'이라 불려요. 그럼 과학의 여왕도 있을까요? 있어요. 세계 3대 수학자 중 한 명인 독일인 가우스는 수학을 '과학의 여왕'이라 불렀어요. 물리학의 수많은 법칙은 수학이라는 언어로 표현되거든요.

　양자역학도 물리학에 속해요. 그래서 양자역학을 소개하는 책에도 난해한 방정식과 복잡한 그래프와 다양한 수학 기호가 등장해요. 그러나 이 책에는 단 하나의 방정식도, 그래프도, 수학 기호도 나오지 않아요. 공식이나 그래프를 봐도 여러분은 이해할 수 없어요. 고등 수학 이상의 지식이 머릿속에 들어 있어야 해요. 그래도 괜찮아요. 복잡한 기호와 공식과 그래프를 몰라도 양자역학을 이해할 수 있어요. 물론 심오한 부분까지는 어렵겠지만, 양자역학의 기초 개념을 파악하는 데는 큰 지장이 없어요. 그러니 마음 편하게, 판타지 소설을 읽는 기분으로 이 책을 읽어 주세요.

　끝으로 이 책이 나오는 데 도움을 주신 도서출판 미래아이 관계자분들과 고향에 계신 부모님께 감사하다는 말씀을 드립니다.

―김성호

차례

머리말 ··· 4

Chapter 1 양자역학의 위대한 탄생

용광로의 비밀 ··· 11
양자역학의 기초 지식 하나, 연속성과 불연속성 ··· 15
양자역학의 기초 지식 둘, 입자와 파동 ··· 18
양자역학의 기초 지식 셋, 전자기파 ··· 22
흑체 복사 미스터리 ··· 27
에너지가 불연속적이란 게 무슨 말일까? ··· 30
양자역학이 탄생하다 ··· 33
미시 세계의 물리학 ··· 36

Chapter 2 라플라스의 악마는 없다

결정론이란 무엇일까? ··· 43
과연 원자의 실제 모습은? 원자 모형 ··· 46
머리 큰 물리학자 닐스 보어 ··· 49
귀족 물리학자 드브로이 ··· 53
뭐? 확률이라고? ··· 57
라플라스의 악마는 없다 ··· 61
생각발전소 감자 캐던 과학자 러더퍼드 ··· 65

Chapter 3 살아 있으면서 죽은 고양이

이중 슬릿 실험 ··· 71
대격돌, 고전 물리학 대 양자역학 ··· 74
살아 있으면서 죽은 고양이 ··· 78
안톤 차일링거의 실험 ··· 82
생각발전소 여러 개의 세계, 여러 개의 나 ··· 85

Chapter 4 떨어져도 우리는 한 몸, 양자 얽힘

암호 이야기 … 91
암호 키 이야기 … 94
스핀 이야기 … 99
양자 얽힘 … 102
베르틀만의 짝짝이 양말 … 105
꿈의 양자 통신 … 109

Chapter 5 괴물 양자 컴퓨터

트랜지스터 크기를 줄여라 … 115
벽을 뚫고 나간다, 양자 터널링 … 118
쇼어 알고리즘은 뭘까? … 121
큐비트란 무엇일까? … 124
양자 컴퓨터는 세상을 바꿀 수 있을까? … 127
생각발전소 양자 컴퓨터와 비트코인 … 130

Chapter 6 우리 생활 속 양자역학

양자역학이 없으면 전자 문명도 없다 … 137
세상에서 가장 정확한 시계 … 140
전자계산기와 USB … 143
철새의 이동과 광합성 … 146
생각발전소 전자와 전류의 방향이 다른 이유 … 150

Chapter **1**
양자역학의 위대한 탄생

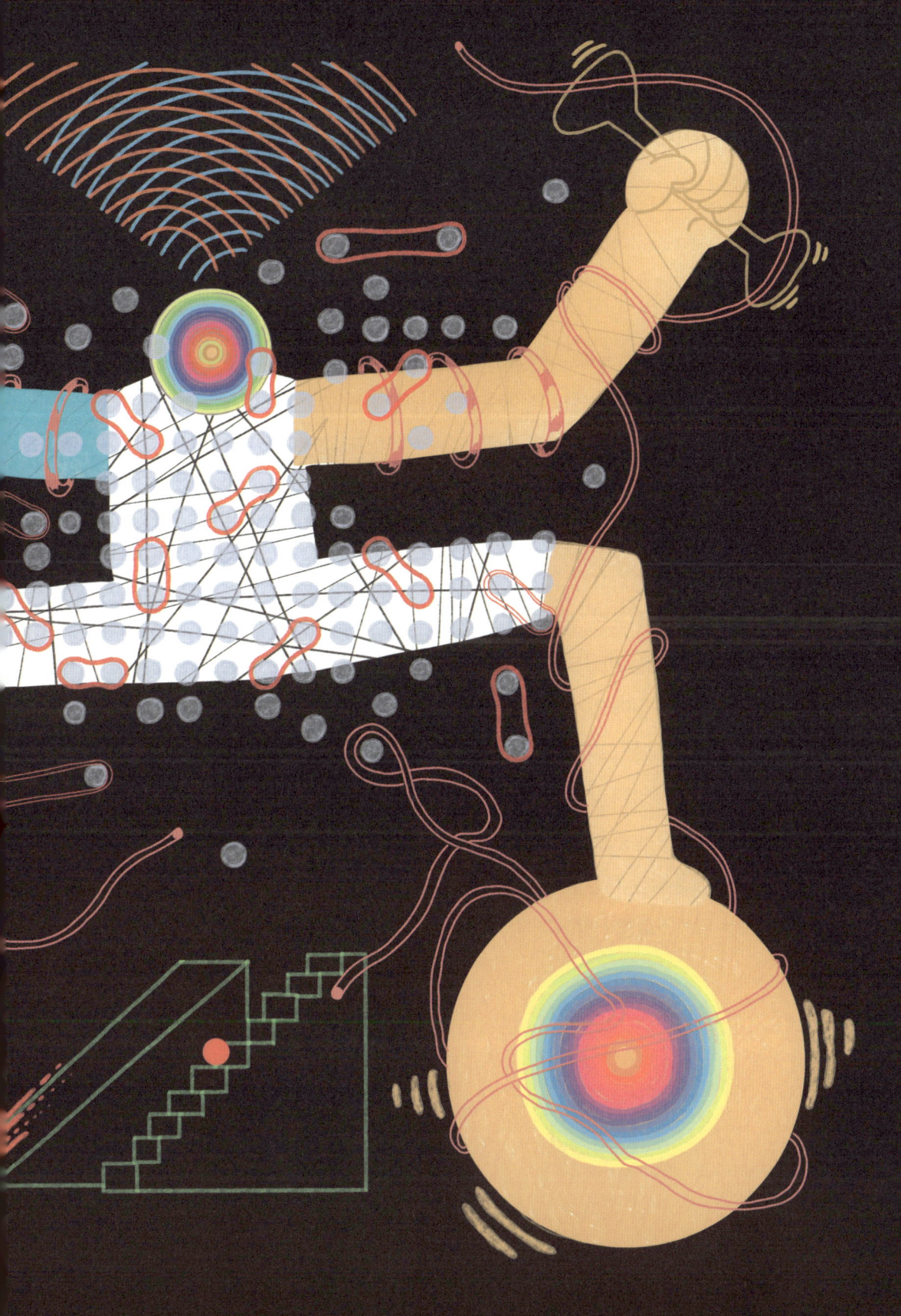

프란츠는 수업에 늦었다. 아멜 선생님이 꾸중하실 텐데 생각하며 허겁지겁 달렸다. 교실 분위기는 평소와 아주 달랐다. 아멜 선생님은 특별한 날에만 입는 초록색 프로크코트에 비단 모자를 쓰고 있었다. 교실 한쪽에는 마을 사람들이 슬픈 얼굴로 앉아 있었다. 대체 무슨 일이람? 아멜 선생님이 말했다.
"내일부터 독일어를 가르치라는 지시가 내려왔습니다. 오늘이 마지막 프랑스어 수업입니다."
프란츠의 조국 프랑스는 최근 프로이센(현재 독일)과의 전쟁에서 패배했다. 프란츠가 사는 마을도 프로이센 영토로 넘어갔다. 그제야 프란츠는 왜 마을 사람들이 교실에 있는지 알 수 있었다. 그들은 아멜 선생님의 옛 제자들이었다. 스승에 대한 고마움과 잃어버린 조국을 향한 마지막 경의를 표시하기 위해 마지막 수업에 참석한것이다.
프랑스 작가 알퐁스 도데의 단편소설 『마지막 수업』의 줄거리이다. 소설은 19세기에 발발한 전쟁을 배경으로 하고 있다. 당시 프랑스가 독일에 넘겨준 영토는 알자스로렌 지방이다. 양자역학은 이곳에서 탄생했다.

용광로의 비밀

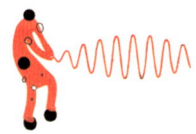

'물리학은 이제 완성되었다!'

19세기 말, 서양 과학자들은 이렇게 확신하고 있었어요. 당시 물리학을 떠받치던 양대 기둥은 뉴턴 역학과 맥스웰의 전자기학이에요. 과학자들은 이 두 가지 학문으로 자연에서 일어나는 거의 모든 현상을 설명할 수 있었어요. 물리학은 완벽한 학문처럼 보였어요. 더 연구해도 새로운 건 나오지 않는다며 물리학과를 폐지하는 대학도 있었어요.

그러나 세상은 그렇게 호락호락하지 않았어요. 19세기 말이 되자, 기존 물리학으로 설명할 수 없는 기이한 현상이 연달아 나타났어요. 그 모든 것의 발단은 1870년에 발발한 보불 전쟁이었어요. 보불이란 독일의

뉴턴 역학과 맥스웰 전자기학

뉴턴 역학은 영국 물리학자 아이작 뉴턴이 관성의 법칙, 운동 방정식, 작용 반작용 원리에 따라 만든 물리학이다. 100여 년 후 스코틀랜드 물리학자 제임스 클러크 맥스웰은 전기가 자기(자석의 힘)를 만들고, 다시 자기가 전기를 만든다는 이론을 수학적으로 정리한 맥스웰 방정식을 만들었다. 이것을 맥스웰의 전자기학이라 부른다.

옛 이름 프로이센의 한자식 표기 보로서의 첫 글자 '보'와 프랑스의 한자식 표기인 불란서의 첫 글자 '불'을 붙인 이름이에요. 1871년 전쟁에서 승리한 프로이센은 프랑스의 영토였던 알자스로렌 지방을 손에 넣었어요. 소설 『마지막 수업』의 주인공 프란츠가 살던 마을이에요.

독일은 왜 알자스로렌 지방을 노렸을까요? 이곳이 철광석 매장지였기 때문이에요. 알자스로렌에는 프랑스 전체 철광석의 90퍼센트 이상이 묻혀 있었어요.

당시 유럽은 산업화와 전쟁이 동시에 진행 중이었어요. 공장을 짓고, 철도를 부설하고 대포와 총기류를 제조하려면 질 좋은 철이 많이 필요했어요. 독일은 전리품으로 획득한 알자스로렌 지방에서 철광석을 캐내 본격적인 철강 생산에 들어갔어요.

철을 만들려면 철광석을 펄펄 끓는 용광로에 넣어 쇳물을 만들어야 해요. 이때 핵심은 온도예요. 용광로 온도가 얼마냐에 따라 철의 강도와 탄성이 결정되거든요. 문제는 수천 도가 넘는 용광로 내부를 측정할 온도계가 당시에는 없었다는 사실이에요. 그런데 제철소 노동자들은 오랜 경험으로 얼추 온도를 짐작하고 있었어요. 온도에 따라 용광로 색이 확확 변했거든요.

"1000도쯤 되면 용광로가 붉은색, 3000도쯤 되면 주황색으로 변하더라고."

"신기하네요. 왜 그렇죠?"

"그건 나도 모르지."

온도에 따라 색이 달라지는 현상은 도자기를 만드는 아시아의 도

두 개의 상대성 이론

아인슈타인의 이름을 세상에 알린 세 가지 이론이 있다. 아인슈타인에게 노벨상을 안겨 준 광양자 가설과 특수 상대성 이론 그리고 일반 상대성 이론이다. 1905년 발표한 특수 상대성 이론은 빛의 속도는 항상 일정하고, 어떤 물질도 빛보다 빠를 수 없으며, 만일 빛보다 빨리 움직이면 시간이 느려진다는 내용이다. 1915년 발표된 일반 상대성 이론은 중력에 의해 시간과 공간이 휘어진다는 중력 이론이다.

공들도 익히 알고 있었어요. 흙으로 빚은 도자기는 고온의 가마에서 구워지는데, 도공들은 가마의 색을 수시로 확인하면서 적절한 온도를 조절했어요. 하지만 제철소 노동자나 도공은 기술자이지 과학자는 아니었어요. 왜 그런 현상이 일어나는지 이론적으로 설명할 수 없었어요. 꼼꼼하고 분석적인 독일인들은 이참에 그 비밀을 알아야겠다고 생각했어요. 대충 감으로 얼렁뚱땅 온도를 추측하는 방식으로는 우수한 철을 생산하는 데 한계가 있었어요. 독일 정부는 이 조사를 과학자들에게 의뢰했어요. 훗날, 아인슈타인의 상대성 이론과 더불어 현대 물리학의 한 축이 되는 양자역학은 이런 소박한 호기심에서 출발했어요.

양자역학의 기초 지식 하나, 연속성과 불연속성

양자역학 세계로 진입하기 전에 우리는 몇 가지 기초 지식을 습득할 필요가 있어요. 첫 번째는 연속성과 불연속성이에요.

여기 두 개의 시계가 있어요. 하나는 시곗바늘로 시간을 표시하는 아날로그시계, 다른 하나는 숫자로 시간을 나타내는 디지털시계예요.

1초와 2초 사이에는 1.1초, 1.2초, 1.3초 등등 무수히 많은 소수점 시간이 존재해요. 아날로그시계의 바늘은 이 모든 숫자를 남김없이 훑으며 지나가요. 이것을 연속적이라고 말해요.

반면 디지털시계는 1초→2초→3초, 이런 식으로 소수점 시간을 표시하지 않아요. 이렇게 중간 값을 건너뛰는 성질을 불연속적이라 해요. 디지털(Digital)은 손가락, 발가락을 뜻하는 라틴어 디지투스(Digitus)에서 온 말이에요. 우리가 손가락을 꼽아서 숫자를 셀 때는 1, 2, 3, 4처럼 자연수만 셀 수 있거든요.

예전에는 건물 입구나 지하철에 계단만 있었지만, 요즘은 몸이 불편한 사람을 위해 경사로를 함께 설치해요. 계단과 경사로, 비슷한 기능을 가진 구조물이지만 둘 사이에는 미묘한 차이가 있어요.

단차가 있는 계단은 불연속적이고, 경사로는 연속적이에요. 공을 굴려 보면 그 차이를 단박에 알 수 있어요.

연속성과 불연속성, 별로 어렵지 않죠?

양자역학의 기초 지식 둘, 입자와 파동

과녁을 향해 총을 빵! 하고 쏩니다. 탄환은 과녁에 명중합니다. 조준이 빗나가면 옆 과녁에 맞을 수도 있지만, 탄환이 나의 과녁과 옆 과녁에 동시에 맞는 일은 일어나지 않아요. 어떤 시간에 하나의 장소에만 존재하는 것, 물리학에서는 이것을 입자라 불러요.

입자는 모래알 같은 덩어리지만, 너무 작아서 인간의 눈에 보이지 않아요. 원자, 전자가 대표적인 입자예요. 입자는 비록 미세하지만, 질량도 있고, 전자총으로 전자를 발사하면 바람개비도 돌릴 수 있어요. 탄환은 이런 입자들이 잔뜩 뭉친 형태예요. 인간도, 고양이도, 책도, 해바라기도, 태양도, 세상의 모든 생명체와 물질은 입자 덩어리예요. 그런데 입자와 정반대의 성질이 있어요. 파동이에요.

가수의 목소리는 객석에 흩어진 관객 귀에 동시에 들어갑니다. 한 대의 공유기가 뿜어내는 와이파이로 지하철 승객들은 동시에 인터넷에 접속할 수 있습니다. 소리와 와이파이는 물결처럼 넓게 퍼져 나가는 성질을 갖고 있기 때문이에요. 이것을 파동이라 불러요. 입자가 물질이라면, 파동은 물질이 아니라 현상이에요. 한 곳에서 다른 곳으로 에너

지를 전달하는 역할을 하지요. 지진파는 땅이 흔들리는 강력한 지진 에너지를, 음파는 소리의 에너지를 전달해요. 그럼 파동에 대해 좀 더 자세히 알아볼까요?

두 사람이 밧줄 양쪽 끝을 잡고 있다가, 한 사람이 밧줄을 위아래로 흔들면 이런 모습이 되어요.

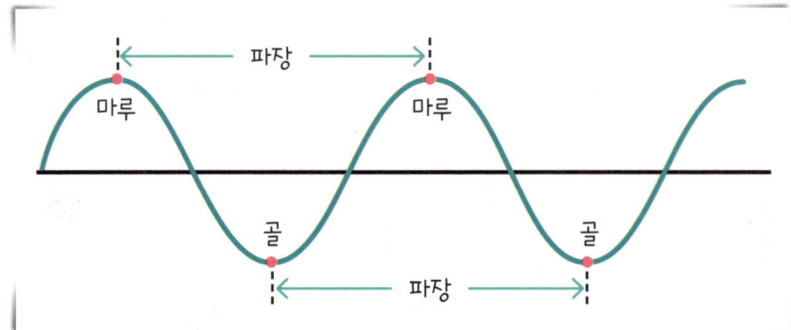

산봉우리처럼 가장 높은 지점을 마루, 가장 낮은 지점을 골이라 불러요. 마루에서 다음 마루의 거리, 혹은 골에서 다음 골까지의 거리를 파장이라고 합니다. 또 1초 동안 지나간 파장의 개수를 파동 수, 혹은 주파수라고 해요.

이번에는 아까보다 세게 밧줄을 흔들어 보겠습니다. 손목 스냅을 이용

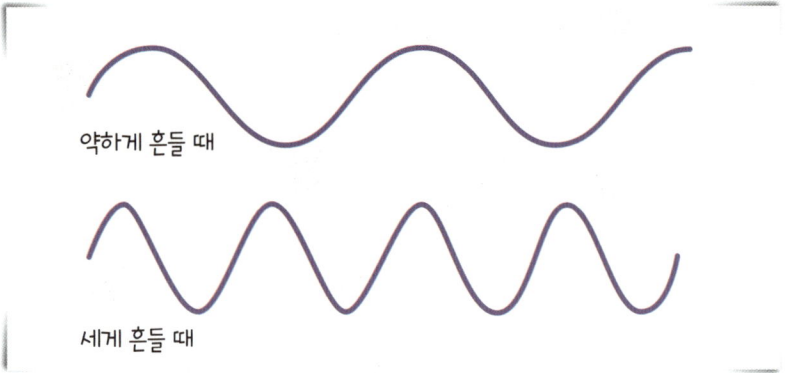

해 끊어뜨리듯 힘을 줘서 밧줄을 흔들면 어떻게 될까요?

파장은 짧아지고 진동수(주파수)는 증가해요. 반대편 줄을 잡은 사람의 손바닥에는 아까보다 강한 울림(에너지)이 전해집니다. 여기서 우리는 두 가지 중요한 사실을 알 수 있어요.

첫째, 파장이 길면 진동수는 작아지고, 파장이 짧으면 진동수는 커진다는 거예요. 즉, 파장과 진동수(주파수)는 반비례 관계예요.

둘째, 진동수가 크면 에너지도 커지고, 진동수 작아질수록 에너지도 작아진다는 거예요.

양자역학의 기초 지식 셋, 전자기파

세 번째 지식은 전자기파예요. 난로 가까이에 있으면 우리는 따뜻함을 느낍니다. 달궈진 물체는 열을 밖으로 내보내기 때문이에요. 그래서 난로나 스토브는 무한정 뜨거워지지 않아요.

달궈진 물체는 전자기파(전파)라는 파동의 형태로 열을 내보내요. 전자기파는 열을 배송하는 택배 트럭인 셈이에요. 이렇게 전자기파로 열을 전달하는 현상을 물리학에서는 열복사라고 부릅니다. 복사기에서 복사한다는 그 복사가 아니라, 사방으로 퍼져 나간다는 뜻이에요.

태양이 있어 지구가 따뜻한 이유도 열복사 때문이에요. 그런데 지구로 태양열을 싣고 오는 전자기파는 파장의 길이에 따라 다른 이름

가시광선이란?

비가 갠 하늘에 종종 둥근 무지개가 뜬다. 미처 증발하지 못한 공기 중 물방울에 태양 빛이 부딪혀 굴절되기 때문이다. 굴절된 빛은 빨강, 주황, 노랑, 초록, 파랑, 남색, 보라, 일곱 색깔을 우리에게 보여 준다. 이것이 인간이 유일하게 볼 수 있는 빛, 가시광선이다. 그렇다면 인간은 왜 하필 가시광선만 볼 수 있을까? 그것은 오랜 세월을 거쳐 그 빛들만 보도록 진화했기 때문이다. 뱀과 쥐는 적외선을 볼 수 있고, 하늘다람쥐는 자외선도 볼 수 있는데 이 또한 진화의 산물이다.

을 갖고 있어요. 가장 파장이 긴 전자기파가 적외선, 그다음이 가시광선, 그리고 자외선, 감마선 순서예요. 바로 우리가 빛이라 부르는 녀석들입니다.

즉, 빛은 전자기파예요. 빛의 빠르기를 광속이라고 부르잖아요? 전자기파도 광속으로 이동해요. 빛과 라디오 전파, 와이파이는 결국 본질적으로 같아요. 빛은 파장이 짧고, 라디오 전파는 파장이 길지요.

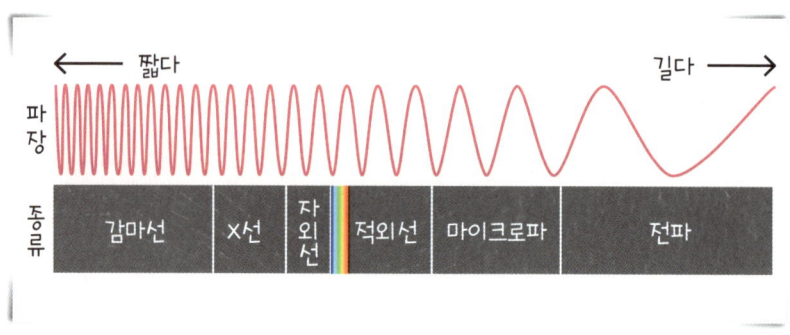

전자기파의 종류와 파장의 길이

우리는 이미 파장 길이와 진동수 크기는 반비례라는 걸 알고 있어요. 진동수가 클수록 전달하는 에너지도 커지지요. 파장이 가장 긴 라디오 전파가 에너지가 가장 약하고, 파장이 가장 짧은 감마선이 에너지가 가장 커요.

라디오 전파는 에너지가 워낙 약해서 우리가 매일 라디오를 매일 들어도 건강에 큰 문제는 없어요. 그다음으로 진동수가 큰 마이크로파는 전자레인지에 음식을 데울 만큼의 에너지를 가지고 있어요. 자외선은 에너지가 제법 커서 피부를 시커멓게 태울 수 있고, 살균 기능도 갖고 있어요. 에너지가 가장 큰 감마선은 극도로 위험한 전자기파예요. 핵폭탄이 폭발하거나 원자력 발전소에서 우라늄을 연소할 때 튀어나오는 방사선이 감마선이에요. 피폭되면 목숨을 잃을 수도 있어요.

열을 내는 모든 물체는 전자기파를 방출해요. 그렇다고 해서 모든 뜨거운 물체에서 모든 전자기파가 나오는 건 아니에요. 예를 들어 사람도 전자기파를 방출해요. 하지만 사람 체온은 평균 36도 정도여서 에너지 레벨이 낮은 적외선이 많이 방출되어요. 적외선은 가시광선이 아니어서 우리 눈에 보이지 않아요. 하지만 적외선 카메라로 들여다보면 인체가 뿜는 적외선을 볼 수 있어요. 코로나 감염자를 식별하는 열화상 카메라도 이 원리를 이용합니다.

물체가 뜨거울수록 에너지가 높은 전자기파가 많이 방출되어요. 온도가 높다는 것은 그만큼 내보내야 할 열에너지가 많다는 뜻이에요, 따라서 적재 용량이 큰 대형 트럭, 즉 에너지가 높은 전자기파가 집중적으로 방출되는 거랍니다. 이제 가시광선 부분을 확대해서 살펴보겠습니다.

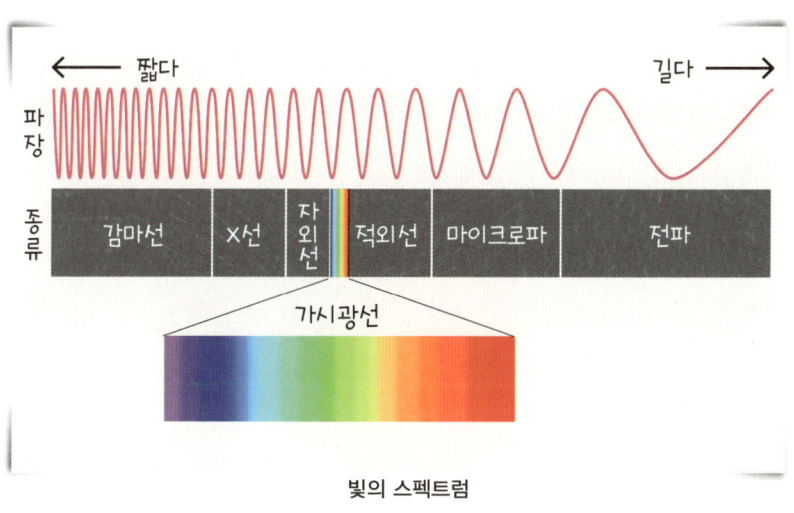

빛의 스펙트럼

오른쪽에서 왼쪽으로 갈수록 에너지가 높아져요. 즉 **빨간색 전자기파가 에너지가 가장 낮고 보라색 전자기파가 가장 높아요.** 언뜻 생각하면 강렬한 붉은색이 에너지가 가장 높을 것 같은데 현실은 반대예요.

이것으로 비밀 하나가 풀렸어요. 왜 용광로 온도가 섭씨 1000도에서는 붉은색을 띠다가 섭씨 3000도가 되면 주황색으로 변하는지 말이에요. 섭씨 1000도에서는 빨간색 영역대의 전자기파가 집중적으로 방출되어요. 이 전자기파는 사람 눈에 보이는 가시광선이므로 우리는 용광로가 빨갛다고 인식해요. 여기서 온도가 더 상승하면 방출되는 전자기파도 에너지 레벨이 높은 주황색으로 이동해요. 그래서 우리는 용광로가 주황색으로 변했다고 느끼는 거예요.

지금까지 우리는 **연속성과 불연속성, 파동과 전자기파**에 대해 알아봤어요. 이만하면 양자역학 세계에 입문하는 데 필요한 최소한의 지식은 습득한 셈이에요.

그럼 처음으로 돌아가겠습니다. 온도와 색깔의 관계를 연구하던 독일 과학자들이 어떤 실험을 했는지, 그리고 그것이 대체 양자역학 탄생과 무슨 관계가 있는지 알아보도록 해요.

흑체 복사 미스터리

1887년 독일 정부는 베를린에 빛과 온도를 연구하는 제국 물리학 공학연구소를 세웠어요. 연구소 과학자들은 흥미로운 실험을 했어요.

속이 텅 빈 물체에 아주 미세한 구멍을 뚫습니다. 그럼 빛이 이 구멍을 통해 들어옵니다. 빛은 전자기파이고, 전자기파는 열을 머금고 있어요. 빛은 들어올 때는 좋았으나 입구가 너무 좁아 빠져나가기 어려워요. 빛은 물체 내부를 방황하다 결국 흡수됩니다. 모든 빛을 빨아들이는 블랙홀처럼 말이에요. 이 실험을 흑체 복사라고 해요.

빛을 흡수만 하고 내보내지 않으면 내부는 빠르게 달아오릅니다. 소형 용광로를 만드는 거예요. 과학자들은 궁금했어요. 흑체 온도가 섭씨 3000도쯤 되면 어떤 전자기파들이 많이 튀어나올까? 4000도가 되면? 태양 표면 온도와 비슷한 6000도가 되면? 과학자들은 비좁은 구멍을 통해 우르르 빠져나가는 전자기파들을 검사했어요.

물리학 이론에 따르면 전자기파 종류와 수는 무한대예요. 사하라 사막 모래알보다 많아요. 그렇다면 수천 도로 달아오른 흑체도 무한

대 숫자의 전자기파를 방출해야 할 거예요. 실험 결과는 예상을 빗나갔어요. 어찌 된 일인지 아주 높은 진동수의 전자기파들은 별로 나오지 않거나 아예 나오지 않았어요. 과학자들은 한 방 얻어맞은 기분이었어요. 어찌 된 일일까요?

사실, 이 물리학 이론은 처음부터 앞뒤가 맞지 않았어요. 전자기파가 무한대로 나온다는 건, 내보내는 열에너지도 무한대란 뜻이에요. 흑체가 빛으로 흡수한 에너지 양은 뻔한데, 방출하는 에너지가 어떻게 무한대가 될 수 있겠어요? 사람으로 비유하면, 밥은 한 그릇 먹었는데 똥은 무한대로 나오는 것과 다르지 않아요.

문제는 또 있었어요. 만일 흑체처럼 뜨거운 물질이 모든 전자기파를 방출한다면, 제철소 근로자들은 감마선에 피폭되어 생명이 위험했을 거예요. 하지만 그런 일은 일어나지 않았어요.

'우리가 놓치고 있는 게 뭘까?'

과학자들은 이 미스터리를 해결하려고 안간힘을 썼지만 허사였어요. 결국, 흑체 복사는 19세기 말 과학계의 최대 난제로 남았어요. 그런데 이 문제를 멋지게 해결한 과학자가 나타났어요. 그의 이름은 막스 플랑크, 오늘날 양자역학의 아버지라 불리는 독일 물리학자예요.

에너지가 불연속적이란 게 무슨 말일까?

막스 플랑크는 1858년 독일 북부 킬에서 태어났어요. 10대 때 오페라를 작곡할 정도로 플랑크는 놀라운 음악적 재능을 보였어요. 사람들은 플랑크가 틀림없이 좋은 음악가가 될 거라 예상했어요. 하지만 플랑크는 주변의 예상을 깨고 물리학을 선택했어요. 지도교수는 플랑크에게 물리학은 이미 완성된 학문인데 뭣 하러 배우느냐며 만류했으나 플랑크는 뜻을 굽히지 않았어요. 대학 졸업 후 플랑크는 베를린 대학 물리학 교수가 되었어요.

1894년, 전등 빛을 연구하던 플랑크는 흑체 복사 문제에 뛰어들었어요. 플랑크는 기존 물리학 이론으로는 이 문제를 풀 수 없다는 걸 깨달았어요. 그는 어떤 과학자도 생각하지 못한 혁명적인 발상을 했어요.

'전자기파는 불연속적 에너지 값을 갖는다.'

아니! 대체 이게 무슨 말일까요? 이해를 돕기 위해 비유를 들어 볼게요.

국어 시험에 10문제가 출제되었어요. 다 맞으면 100점, 9문제를 맞으면 90점, 8문제를 맞으면 80점이에요. 학생들은 15점이나 91점의 점수는 가질 수 없어요. 최소 점수 단위가 10점이기 때문이에요. 점수가 에너지

이고, 학생들이 전자기파라고 생각해 보세요. 모든 학생(전자기파)은 띄엄 띄엄한(불연속적인) 점수(에너지값)만 가질 수 있어요.

플랑크의 이런 아이디어는 당시에는 매우 위험한 시도였어요. 왜냐하면, 기존 물리학에서 물질은 11점, 11.2점, 92점, 93.1점 등등, 모든 에너지값을 다 가진다고 서술하고 있었거든요. 사실은 플랑크도 자신이 생각한 아이디어가 썩 마음에 들지 않았어요. 하지만 어쩔 수 없었어요. 기존 물리학으로는 도무지 풀리지 않았거든요.

'답은 나와 있는데 공식이 맞지 않는다. 그럼 공식에 문제가 있는 게 아닐까?'

플랑크는 물리학 이론을 뒤집는 '에너지는 불연속적'이라는 가정을 하고 계산했더니 신기하게도 딱 맞아떨어졌어요. 높은 진동수의 전자기파가 왜 조금만 나오거나 덜 나오는지 그 이유를 알아낸 거예요.

양자역학이 탄생하다

산업 폐기물 8톤이 있습니다. 그리고 폐기물을 운반해 줄 트럭 회사들도 있습니다. 각 트럭 회사가 보유한 트럭은 사이즈가 다릅니다. 김사장은 1톤 트럭을, 최사장은 4톤 트럭을, 윤사장은 10톤, 박사장은 20톤 트럭을 갖고 있습니다. 폐기물 주인은 폐기물을 운반해 주면 돈을 주겠다고 트럭 회사에 제의합니다.

김사장 : 문제없습니다. 8톤이라고 했죠? 우리 회사는 1톤 트럭이니까 8대를 가져올게요.

최사장 : 우리도 좋습니다. 우리 회사 트럭은 4톤이니까 2대면 되겠네요.

순조롭습니다. 그런데 문제는 지금부터입니다.

윤사장 : 우리는 운송을 거절하겠습니다.

폐기물 주인 : 아니, 왜요? 10톤 트럭에 8톤을 실으면 충분하잖아요?

윤사장 : 트럭 한 대를 굴리려면 기름값에 통행료에, 비용이 얼마나 드는지 아시오? 짐칸을 비워 두고 운행하면 우린 손해라고요. 10톤을 꽉 채우지 않으면 우린 움직이지 않을 겁니다.

같은 이유로 박사장(20톤 트럭)도 운반을 거부합니다. 적재 용량보다 화

물의 양이 적다는 이유로 말이에요. 여기서 폐기물은 흑체가 방출하는 열에너지 양이고, 트럭은 열에너지를 실어 나르는 전자기파예요. 소형 트럭(1톤)은 진동수가 작은 전자기파, 중형 트럭(4톤)은 진동수가 중간대인 전자기파, 대형 트럭(10톤, 20톤)은 진동수가 높은 전자기파예요. 각 전자기파는 최소한의 적재 용량(에너지값)을 갖고 있어요. 1톤과 4톤, 10톤, 20톤, 사이의 중간 값은 존재하지 않아요. 띄엄띄엄한 에너지 값만 가질 수 있어요. 이것이 플랑크가 말한 에너지의 불연속성이에요.

이렇게 되면, 큰 트럭일수록 운송 기회는 줄어들어요. 방출하는 에너지의 총량은 정해져 있기 때문이에요. 그래서 흑체에서 진동수가 극도로 높은 전자기파들은 조금만 나오거나 아예 나오지 않았던 거예요. 에너지는 띄엄띄엄한(불연속적인) 최소한의 양(물량)만 가질 수 있다. 플랑크는 이것을 양자화라 불렀어요. 양자역학은 여기서 유래한 단어예요. 양자는 원자, 전자, 광자, 양성자 등 우리 눈에 보이지 않는 작은 물질을 뜻해요. 그런데 정작 흑체 복사 문제를 해결한 플랑크는 찜찜했어요.

'에너지가 불연속적이라니, 이건 내가 생각해도 억지야!'

플랑크는 자신의 양자화 이론을 확 엎어 버리고 다시 처음으로 돌아갔어요. 기존 물리학으로도 충분히 해결할 수 있다고 생각했어요. 하지만 허사였어요. 놀랍게도, 궁여지책으로 플랑크가 쥐어짜 낸 양자화 가설이 정답이었던 거예요. 양자역학은 이렇게 탄생했어요.

미시 세계의 물리학

 연속적인 것과 불연속인 것을 구별하는 기준은 무엇일까요? 우리는 그것을 어떻게 확신할 수 있을까요?

영화는 1초에 24개의 사진으로 구성되어 있습니다. 그러나 관객은 이것을 느끼지 못합니다. 인간은 물체를 볼 때 눈의 망막에 약 0.06초간 그 물체의 잔상이 남아 있습니다. 그 잔상이 사라지기 전에 재빨리 다음 사진을 연결하고 또 연결하면 우리는 하나의 동작처럼 매끄럽게 연결되어 있다고 인식합니다. 불연속적인 사진을 연결했더니 연속적인 동영상이 된 거예요.

강 위로 길게 쭉 뻗은 다리를 생각해 보세요. 다리는 연속적이지만, 징

플랑크가 말한 에너지 최소 값은 어느 정도로 작을까?

플랑크가 말한 최소 값의 에너지 크기는 6.626×10^{-34}으로 거의 0이다. 이것이 유명한 플랑크 상수다. 상수란 항상 일정한 값을 갖는 것을 말한다. 대표적인 상수가 원의 둘레나 면적을 구하는 공식에 사용되는 파이(π), 즉 원주율이다.

검다리는 띄엄띄엄 불연속적입니다. 만일 징검다리의 돌 간격이 머리카락 굵기가 된다면 어떻게 될까요? 우리는 분명 틈새 없는 연속적인 다리라고 생각하겠지요.

띄엄띄엄하다는 불연속성도 이런 의미예요. 플랑크는 에너지가 띄엄띄엄한 값을 띤다고 말했는데, 사실 그 간격은 거의 0입니다. 하지만 0에 가까운 것이지, 0은 아니에요. 우리 일상에서는 이 미세한 차이를 구별하기란 불가능해요.

기존 물리학은 주로 큼지막한 세계를 다루었습니다. 그래서 과학자들은 에너지가 모든 값을 가질 수 있다, 즉 연속적이라고 생각했습니다. 이런 큰 세계를 과학에서는 거시 세계라 부릅니다. 하지만 사람 눈으로 볼 수 없는 전자기파, 원자, 전자가 속한 작은 세계에서는 그 미세한 차이만으로도 연속성과 불연속성이 뚜렷이 구별됩니다.

왼쪽 그림에서 소년이 걸어 올라가는 길은 우리가 연속적이라고 믿는 경사로입니다. 하지만 개미에게는 불연속적 계단일 수 있습니다. 눈을 크

게 뜨면 얼마든지 대상이 다르게 보일 수 있는 거예요. 과학에서는 이런 작은 세계를 미시 세계라 불러요. 별것 아닌 것처럼 보이지만, 플랑크는 이 미묘한 차이를 인정했기 때문에 누구도 풀지 못한 흑체 복사 문제를 해결할 수 있었어요.

미시 세계를 분석하려면 플랑크가 그랬듯 기존의 물리학과는 완전히 다른 관점이 필요했어요. 그래서 등장한 것이 양자역학이에요.

20세기를 며칠 앞둔 1900년 12월 14일, 플랑크는 양자화 논문을 발표했어요. 과학사에서는 이날을 양자역학의 날로, 플랑크를 양자역학의 아버지로 기록하고 있어요. 정작 양자역학의 아버지 플랑크는 끝까지 양자역학을 싫어했다고 하니 참 아이러니한 일이에요.

어쨌든 양자역학이 등장한 20세기 초를 기준으로 기존 물리학은 고전 물리학으로, 이후의 물리학은 현대 물리학이라는 이름으로 각각 불리게 되었어요.

Chapter 2
라플라스의 악마는 없다

우하라 마도카는 어릴 적 토네이도(돌풍)에 휘말려 엄마를 잃었다. 마도카는 일본 뇌 의학 최고 권위자인 아빠로부터 위험한 뇌 수술을 받는다. 뇌의 능력을 최대치로 끌어올려 토네이도와 같은 돌발적 자연재해를 예측하고 싶어서.

수술 후 마도카는 불가사의한 능력을 갖춘 소녀가 되었다. 그녀는 바람의 세기와 방향, 온도, 습도, 기압 등을 컴퓨터 데이터처럼 인식하고, 그것을 재빠르게 계산해 나뭇잎이 떨어질 위치와, 탁자에 쏟은 물이 흘러갈 방향과 한 시간 후의 날씨도 예측할 수 있었다.

일본 작가 히가시노 게이고의 소설 『라플라스의 마녀』의 내용이다. 라플라스는 19세기 프랑스 수학자 이름이다.

어느 날, 라플라스는 황제 나폴레옹에게 말했다.

"폐하, 세상의 모든 원자의 위치와 운동량을 알고 있는 존재가 있다면, 그는 물리학 법칙으로 계산해 미래를 예측할 수 있습니다."

"호오~!"

훗날 사람들은 미래를 예측한다는 이 괴물 같은 존재에 '라플라스의 악마'라는 이름을 붙였다. 물리학으로 미래를 예측할 수 있다는 믿음, 과학에서는 이를 결정론이라 부른다.

결정론이란 무엇일까?

한 남자가 서울역에서 출발하는 야간 경부선 열차에 탑승합니다. 시속 100킬로미터로 등속운동, 그러니까 항상 같은 속도로 달리는 열차입니다. 기차가 출발하고 남자는 잠이 듭니다. 두 시간 후, 남자는 눈을 떴습니다. 창밖은 짙은 어둠으로 컴컴하지만, 남자는 지금 자신이 어디를 지나고 있는지 알 수 있습니다. 출발지가 서울역이고, 기차가 시속 100킬로미터로 2시간을 달렸으니 분명 서울에서 200킬로미터 떨어진 곳입니다. 위치와 속도를 알고 있기 때문이지요.

19세기, 서구 과학자들은 물체의 속도와 위치를 알면 미래를 예측할 수 있다고 생각했습니다. 그 자신감의 근거는 물리학이었습니다. 1705년, 우주선은커녕 자동차도 없던 시절에 영국 천문학자 에드먼드 핼리는 뉴턴 역학으로 계산해 혜성 하나가 약 76년마다 지구를 지나간다는 것을 알아냈어요. 사람들은 그 혜성에 핼리의 이름을 붙여 핼리 혜성이라 불렀어요. 뉴턴 역학은 마술 같은 과학이었습니다. 지상의 현상은 물론 지구 밖 행성의 움직임도 정확하게 계산했고, 달과 지구 사이의 인력으로 밀물과 썰물이 발생한다는 것도 알아냈어요. 라플라스의 악마는 허

구가 아니라 실제로 존재하는 것처럼 보였어요. 미래를 정확하게 예측할 수 있다는 믿음, 이것을 결정론이라 부릅니다.

  그러나 결정론은 곧 위기를 맞게 됩니다. 20세기 초, 위치를 알면 속도를 모르고, 속도를 알면 위치를 알 수 없는 어처구니없는 현상이 발견된 거예요. 세상에서 가장 작은 물질이라 알려진 원자를 연구하면서부터예요.

과연 원자의 실제 모습은? 원자 모형

인간, 동물, 식물, 물질, 세상의 모든 존재는 원자로 이루어져 있어요. 물질이 벽돌집이라면, 원자 하나하나는 벽돌인 셈이에요. 원자는 매우 작아요. 아니, 작다는 말이 과연 적절한 표현일까 싶을 만큼 미세해요. 사람의 몸에는 대략 10억 개에 다시 10억 개를 곱한 숫자의 원자가 있어요. 과일 자몽에 든 원자들을 블루베리 크기로 확대하면, 자몽은 지구 크기로 부풀어 오릅니다.

원자를 상징하는 대표적인 픽토그램(그림문자)을 본 적 있을 거예요. 과학책에는 물론, 한국원자력연구원 홈페이지에도 비슷한 그림이 걸려 있어요. 중앙에 원자핵이 있고, 그 주변을 전자가 돌아요.

하지만 실제 원자의 모습은 이렇지 않습니다. 이 그림은 1911년 뉴질랜드 물리학자 러더퍼드가 만든 원자 모형이에요. 러더퍼드의 원자 모형은 100여 년 전에 폐기되었어요. 그런데도 여전히 원자를 상징하는 그림으로 사용되는 까닭은 쉽기 때문이에요.

21세기가 되어서야 인류는 전자 현미경으로 간신히 원자를 볼 수 있었어요. 100여 년 전 과학자들은 원자를 볼 방법이 없었어요. 그래서 이런

원자 모형의 변천 과정

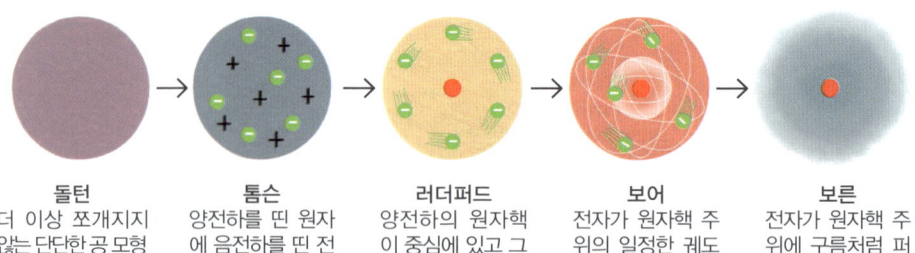

돌턴
더 이상 쪼개지지 않는 단단한 공 모형

톰슨
양전하를 띤 원자에 음전하를 띤 전자가 박힌 모형

러더퍼드
양전하의 원자핵이 중심에 있고 그 주위를 전자가 도는 모형

보어
전자가 원자핵 주위의 일정한 궤도를 따라 운동하는 모형

보른
전자가 원자핵 주위에 구름처럼 퍼져 있는 모형

저런 실험으로 나온 결과를 해석해 이런 모습이 아닐까 하고 추측해 그림으로 표현했어요. 마치 장님이 코끼리 몸을 만진 다음 코끼리의 모습을 상상하는 것처럼 말이에요.

그래서 원자 모형은 계속 수정 과정을 거쳤어요. 다른 과학자가 그 이론이 틀렸다는 것을 증명하면 기존 모형은 즉시 폐기되고 새로운 모형이 그 자리를 대신했어요. 러더퍼드의 원자 모형도 기존의 원자 모형을 밀어내고 그 자리를 차지했어요. 2년 후 이 모형도 다른 모형에게 밀려났어요. 러더퍼드의 모형을 밀어낸 모형도 다시 밀려났고요. 이런 자리 밀어내기가 되풀이되다가 현대의 전자 모형이 탄생했어요.

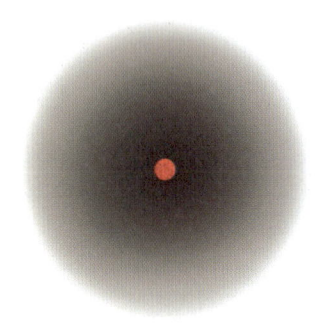

적막한 우주 공간처럼 보이는 이 그림. 중앙의 붉은 점은 원자핵인데, 전자의 궤도도 보이지 않고 전자도 대체 어디 있는지 짐작조차 할 수 없어요. 이 모형은 양자역학 원리를 기반으로 만들어졌어요.

현대의 원자 모형

머리 큰 물리학자 닐스 보어

러더퍼드의 원자 모형에는 한 가지 치명적 문제가 있었어요. 고전 물리학에 따르면 원운동을 하는 전자는 전자기파를 스멀스멀 방출해요. 실제로 과학자들은 전자기파가 나오는 것을 확인했어요. 전자기파, 즉 파동은 에너지를 내보내는 역할을 한다고 했잖아요? 자신이 가진 에너지를 모두 잃은 전자는 연료가 바닥난 인공위성처럼 원자핵과 충돌해요. 그럼 원자는 붕괴하고 말아요. 원자로 이루어진 사람, 식물, 지구, 심지어 태양까지 죄다 붕괴해요.

물론 그런 일은 일어나지 않습니다. 우리는 여전히 숨을 쉬고 있고, 식물은 꽃을 피우고, 태양은 내일도 떠오릅니다. 이 모순을 어떻게 해결해야 할까요? 과학자들은 머리를 싸맸지만, 출구가 보이지 않았어요. 이때 등장한 사람이 그 유명한 닐스 보어예요.

1885년 덴마크 코펜하겐의 유대계 가정에서 태어난 **닐스 보어**는 양자역학에서 가장 전설적인 인물이에요. 막스 플랑크가 양자역학을 탄생시켰다면, 보어는 오늘날 **양자역학이 주류 과학 이론**으로 자리 잡을 수 있도록 튼튼한 기반을 구축한 과학자예요. 그래서 진정한 양자역학의

아버지는 플랑크가 아니라 닐스 보어라고 생각하는 사람들도 많답니다.

　보어는 매우 흥미로운 사람이에요. 대부분의 시간을 실험실에서 보내는 물리학자 중에는 얌전하고 과묵한 샌님 같은 사람이 많아요. 반면, 보어는 활동적인 성격이었어요. 덩치도 우람하고 운동도 꽤 잘해서 축구 골키퍼로 활약한 적도 있어요. 보어는 머리가 크기로 유명했어요. 거의 인형 탈 수준이었어요. 2차 세계대전 중, 조국 덴마크가 독일에 점령당하자 유대인 보어는 큰 위기에 처했어요. 당시 독일은 유럽 내 유대인을 학살하거나 포로수용소로 보내고 있었어요. 이때, 보어를 구출하기 위해 스웨덴 정부에서 비행기를 보냈어요. 하지만 산소 헬멧이 머리에 들어가지 않아서 보어는 쓸 수가 없었어요. 비행기가 착륙했을 때 보어는 산소 부족으로 기절한 상태였다고 해요.

　보어는 대학 졸업 후, 물리학으로 이름난 영국 케임브리지 대학으로 갔어요. 하지만 덴마크인 보어는 영어가 서툴러 사람들과 잘 어울리지 못했어요. 보어는 케임브리지에 적응하지 못하고 맨체스터로 옮겨 가 러더퍼드 밑에서 공부를 했어요. 보어는 스승인 러더퍼드 모형의 문제점을 해결하려고 애썼지만, 기존 물리학으로는 답이 없었어요. 보어는 플랑크의 양자론을 이용해 새로운 원자 모델을 만들었어요. 가운데에 원자핵이 있고, 육상 트랙처럼 생긴 궤도들이 있어요. 전자는 이 궤도만 돌아다녀요. 즉, 궤도와 궤도 사이에는 전자가 들어가지 못하는 거예요. 보어는 전자가 궤도를 따라 움직일 때는 전자기파를 방출하지 않는다고 주장했어요.

　"잠깐만요! 보어 씨, 원운동을 하는 전자는 전자기파를 방출한다면서요? 이 궤도도 원이잖아요?"

"따지지 마, 내가 그렇다면 그런 거야!"

궤도들이 육상 트랙 같다고 말했지만, 그건 위에서 내려다본 평면도라서 그렇게 보일 뿐이에요. 입체적으로 표현하면, 위아래가 있는 계단과 닮았어요. 전자는 낮은 궤도에서 높은 궤도로, 혹은 높은 궤도에서 낮은 궤도로 이동해요. 통통! 계단을 오르락내리락하는 거예요. 이거 어디서 많이 본 것 같지 않나요? 양자역학을 상징하는 불연속성이에요. 전자는 궤도를 따라 움직이다가 외부로부터 빛이나 열을 받으면 에너지를 흡수해 높은 궤도로 점프해요. 에너지를 많이 흡수할수록 더 높은 계단으로 도약해요. 그런데 전자란 녀석은 고소공포증이 심해요. 높은 곳에 올라갈수록 불안해져서 '안 되겠다, 내려가자!' 하면서 다시 아래 궤도로 내려가요. 이때 전자는 흡수한 에너지를 토해 내요. 이 토해 낸 에너지가 바로 전자기파예요. 보어는 양자역학을 이용해 왜 전자가 전자기파를 방출하면서도 원자핵과 충돌하지 않는지 그 이유를 설명했어요.

문제는, 전자가 궤도를 왔다 갔다 할 때 순간 이동을 한다는 사실이에요. 전자는 팍 하고 사라졌다가 다음 궤도에서 짠 하고 나타나지요. 1층에 있던 사람이 사라졌다가 3층에 뿅 하고 나타나는 셈이에요. 이것을 양자 도약이라 불러요. 맙소사! 양자 도약이라니, 과학자들은 기가 막혔어요. 물리학 교과서 어디에도 없는 말이었어요. 보어 자신도 그렇게 되는 이유를 명쾌히 설명하지 못했어요. 그런데도 계산을 하면 신통하게도 들어맞았어요.

"나도 왜 그런지 몰라. 하지만 이래야만 문제가 풀린다면 이게 맞는 거야. 자연은 원래 그런 거라고. 끝!"

귀족 물리학자 드브로이

1922년 보어는 새로운 원자 모형을 제시한 공로로 노벨 물리학상을 받았어요. 하지만 보어의 원자 모형도 완벽하지 않았어요. 보어는 수소 원자를 대상으로 모형을 만들었어요. 수소는 전자가 하나뿐이어서 실험이 퍽 간단했거든요. 하지만 수소 외의 다른 원자에는 이 모형이 통하지 않았어요. 소식을 들은 고전 물리학자들은 그럴 줄 알았다며 기뻐했어요. 당시 양자역학은 너무도 파격적인 이론 때문에 많은 과학자는 거부감을 느끼고 있었어요. 양자역학은 주류 과학계에서 인정을 받지 못한 채 구석에서 눈칫밥을 먹는 신세였어요.

고전 물리학자들은 여전히 기존 물리학만으로 얼마든지 세상의 모든 현상을 설명할 수 있다고 큰소리를 쳤지만, 마음 깊은 곳에서는 그게 쉽지 않다는 걸 느끼고 있었어요. 젊고 패기 넘치는 과학자 중에는 엉뚱하지만 어쩐지 멋있는 양자역학의 매력에 매료된 사람들이 있었어요. 프랑스의 젊은 물리학도 루이 드브로이도 그중 한 명이었어요.

드브로이는 프랑스 최고 명문 귀족 가문 출신이었어요. 그의 가문은 외교관, 정치인, 장군을 숱하게 배출했는데, 특히 드브로이의 할아버지는

프랑스 수상이었고, 드브로이 자신은 7대 공작 신분이었어요. 처음에는 법학과 역사를 공부하다가 양자역학에 푹 빠진 형의 영향으로 드브로이도 물리학을 선택했고 양자역학의 세계에 발을 내디뎠어요.

드브로이가 파리 소르본 대학에 다니던 시절이었어요. 어느 날, 드브로이는 과학자들과 술자리에 갔어요. 취기로 몽롱해진 드브로이 머릿속으로 아인슈타인이 떠올랐어요. 아인슈타인은 광양자 가설로 노벨 물리학상을 받은 슈퍼 과학자예요. 광양자 가설이란 파동으로 알려진 빛이 입자의 성질도 동시에 가진다는 내용이에요. 광은 빛이고, 양자는 플랑크가 주장한 에너지 덩어리, 그 양자예요.

"야, 드브로이, 뭘 그렇게 생각해?"

"있잖아, 당연히 파동이라 생각한 빛이 입자의 성질도 가지고 있다면, 그 반대도 가능하지 않을까?"

"뭔 소리야?"

"내 말은… 딸꾹! 당연히 입자라 생각한 물질도 파동의 성질을 가진 건 아닐까 하는 거지."

"뭐야, 취했어? 물질은 입자지, 어떻게 파동이 돼?"

사람과 돌, 우주의 행성 같은 입자 덩어리가 와이파이처럼 파동의 성질도 갖는다는 건 상상할 수 없는 일이에요. 그런데 그것이 우리의 선입관은 아닐까요? 투수가 던진 야구공은 일직선으로 날아가는 것처럼 보여요. 하지만 자세히 관찰하면 야구공은 미세하지만 분명 아래위로 꿀렁이며 날아가요. 파장을 가진 파동처럼 움직이는 거예요.

그런데 왜 우리는 그것을 눈치채지 못할까요? 파장은 질량이 클수록 즉, 무거울수록 작아져요. 파장이 극도로 작으면 우리 눈에는 입자처럼 보입니다. 하지만 질량이 극도로 가벼운 전자는 파장이 길어져서 파동의 성질이 선명하게 나타나요.

드브로이는 떠오른 생각을 즉석에서 수학 공식으로 만들어 테이블보에 써 내려갔어요. 그리고 집으로 돌아와 쿨쿨 잤어요. 다음 날, 술이 깬 드브로이는 어제 일을 떠올리고 흠칫했어요. 맙소사, 내가 대체 뭘 한 거야? 하지만 아무리 떠올려도 지난밤에 썼던 공식이 생각나지 않았어요.

드브로이는 술집으로 달려가 테이블보에 적어 놓은 공식을 다시 옮겨 썼어요. 이것을 박사 논문으로 제출했지요. '모든 물질은 파동의 성질도 가진다.' 유명한 물질파 이론이에요.

한편, 논문을 읽은 지도교수 폴 랑주뱅은 기가 찼어요. 고전 물리학에서 입자와 파동은 여자와 남자만큼 달라요. 그런데 뭐? 입자가 파동의 성질도 가지고 있다고? 마음 같아서는 빵점을 주고 싶지만, 상대는 위대한 드브로이 가문의 후계자. 일개 교수가 함부로 대할 상대가 아니었어요. 괜해 밉보였다가 어떤 후환이 돌아올지도 알 수 없었지요. 이거 어쩌지? 랑주뱅 교수는 고민하다 그 논문을 친구 아인슈타인에게 소포로 보냈어요. 논문을 검토한 아인슈타인이 답장을 보냈어요.

'드브로이가 물리학의 장막을 벗겨 냈다!'

드브로이는 아인슈타인의 광양자 가설에서 힌트를 얻어 논문을 작성했어요. 그러니 아인슈타인은 그가 얼마나 기특했겠어요. 아인슈타인의 극찬 한마디에 드브로이는 무사히 박사 학위를 취득했고 1929년 노벨 물리학상까지 받았어요.

뭐? 확률이라고?

드브로이의 물질파는 과학계를 들썩거리게 했어요. 입자가 파동의 성질도 갖고 있다면, 과학 이론을 다시 써야 했어요. 그 말은 전자도 파동이란 소리이고, 전자의 움직임도 완전히 다른 모습이어야 해요. 전자는 우리가 생각했던 것처럼 궤도를 따라 달리는 열차가 아니었던 거예요.

마치 파도타기를 하는 관중들처럼, 전자는 꿀렁꿀렁 움직여요. 이 전자의 움직임을 설명하는 새로운 이론도 필요했어요. 하지만 이것은 그리 만만한 작업이 아니에요. 야구공과 같은 입자 덩어리는 하나의 방향으로 움직이지만, 물결처럼 넓게 퍼져

> **tip**
>
> ### 괴짜 천재 리처드 파인만
>
> 1918년 뉴욕에서 태어난 파인만은 아인슈타인 이후 최고의 천재 물리학자로 평가받는다. 2차 세계대전 기간에는 미국 정부의 원자 폭탄 제작에 참여했고, 1980년대에는 양자역학을 이용한 양자 컴퓨터 아이디어를 최초로 제시했다. 파인만은 권위나 유명세를 지독하게 싫어했다. 1965년 노벨 물리학상 수상자로 선정되었다는 연락을 받은 파인만은 그딴 일 때문에 새벽에 전화를 걸었냐며 화를 냈다. 파인만이 노벨상을 거절하려고 하자 한 기자가 당신이 노벨상을 거부하면 더욱 유명해질 거라 충고했다. 파인만은 '그럼 곤란하지.' 하며 그제야 노벨상을 수락했다.

나가는 파동의 움직임을 설명하는 건 난도가 높아요. 여기에 도전한 사람이 에르빈 슈뢰딩거예요.

20세기, 과학계에는 3대 바람둥이가 있었어요. 독일인 알베르트 아인슈타인, 미국인 리처드 파인만, 그리고 오스트리아인 에르빈 슈뢰딩거예요. 공교롭게도 셋 다 양자역학과 관련 있는 물리학자들이에요. 1925년 슈뢰딩거는 스위스 휴양지에서 크리스마스 휴가를 아내가 아닌 애인과 보내던 중에 파동의 움직임을 설명하는 방정식을 완성했어요. 이것이 슈뢰딩거 방정식이에요.

완성한 것까지는 좋았지만, 정작 슈뢰딩거는 이 방정식이 뭘 의미하는지 알 수 없었어요. 그때 나타난 사람이 독일 물리학자 막스 보른이에요. 막스 보른은 그때까지 양자론 혹은 양자 가설이라 부르던 이 신생 과학 이론에 양자역학이라는 정식 이름을 붙여 준 사람이에요. 슈뢰딩거 방정식을 유심히 살펴보던 보른은 방정식이 전자를 발견할 확률이라는 걸 간파했어요.

전자를 인공위성이라고 가정하면, 1월 1일 12시에 인공위성이 서울 상공에 있을 확률은 10퍼센트, 오사카 상공에 있을 확률은 15퍼센트, 런던 상공에 있을 확률은 25퍼센트…. 이런 식이 되어요. 이렇게 전자의 위치를 정확히 모르니 확률로 추측할 수밖에 없어요.

슈뢰딩거는 보른의 해석이 못마땅했어요. 자고로 과학은 분명해야 하거늘, 확률을 들먹이는 보른의 해석은 무책임한 소리처럼 들렸어요. 아인슈타인도 '신은 주사위 놀이를 하지 않는다!'라고 말하며 보른의 확률 해석에 거부감을 드러냈어요. 자연 법칙이 확률이나 운에 지배받을 리 없다고 생각한 거예요. 그러자 닐스 보어는 이렇게 대꾸했어요.
 "아인슈타인 씨, 신이 주사위 놀이를 하든 말든 당신이 상관할 바가 아니오."

라플라스의 악마는 없다

펄펄 끓는 물이 가득 담긴 욕조에 찬물이 담긴 작은 컵을 띄웁니다. 컵의 물은 점점 따뜻해지고 이윽고 욕조 물 온도와 같아집니다. 욕조 물의 온도가 컵에 전달되기 때문이에요. 반면 욕조 물 온도에는 거의 변화가 없어요. 컵에 든 물의 양이 너무 적어서 욕조 물 온도에 영향을 미치지 못하기 때문입니다. 컵의 물로는 욕조 물의 온도를 측정할 수 있지만, 그 반대는 불가능해요. 이것이 온도계의 원리입니다. 측정하는 주체가 측정 대상에 영향을 주지 않을 때 정확한 측정이 가능해요.

관측도 측정과 비슷해요. 우리가 무언가를 본다(관측한다)는 것은 빛이 있기 때문입니다. 컴컴한 곳에서는 볼 수 없으니까요. 물체에 부딪혀 반사된 빛이 우리 눈에 들어올 때, 우리는 물체의 색깔과 모양을 인식합니다. 단, 그 빛은 물체에 어떤 영향도 주지 않아야 해요.

우리가 날아가는 까치를 노려본다고 해서 까치가 화들짝 놀라 추락하거나 방향을 바꾸지는 않습니다. 우리에게 특별한 염력이 있다면 몰라도요. 까치와 같은 거시 세계 입자 덩어리는 질량이 커서 빛에 부딪혀도

끄떡없어요. 관측하는 행위가 관측 대상에 영향을 미치지 않는 거예요.

그런데 미시 세계는 그렇지 않아요. 측정(관측) 행위 자체가 측정 대상에 영향을 미칩니다. 전자는 극도로 가벼워 빛에 부딪히는 것만으로도 속도가 바뀌어요. 걸어오는 코끼리에게 입김을 불어도 코끼리는 원래 속도로 걷지만, 날파리는 입김 한 방에 획획 날려 가는 것처럼 말이에요.

그럼 이건 어떨까요? 전자 움직임에 영향을 주지 않을 만큼 에너지가 낮은 빛을 사용하면 되지 않을까요? 분명 에너지가 약한 빛을 쏘면 전자의 속도를 측정할 수 있어요. 그런데 이렇게 하면, 전자의 위치를 알 수 없게 돼요.

에너지가 약한 빛이란 파장이 긴 빛이란 뜻이에요. 우리가 빛을 쏴서 전자를 보려면 빛이 전자에 반사되어 우리 눈에 들어와야 해요. 그런데 가장 덩치가 큰 원자도 가시광선 파장보다 훨씬 더 작아요. 그럼 가시광선은 원자에 반사되지 않고 그냥 지나쳐 버리고 말지요. 하물며 원자보다 작은 전자는 말할 것도 없어요. 즉, 긴 파장의 빛을 쏘면 전자의 속도는 알 수 있지만 대신 전자의 위치를 알 수 없어요. 전자의 위치를 알면

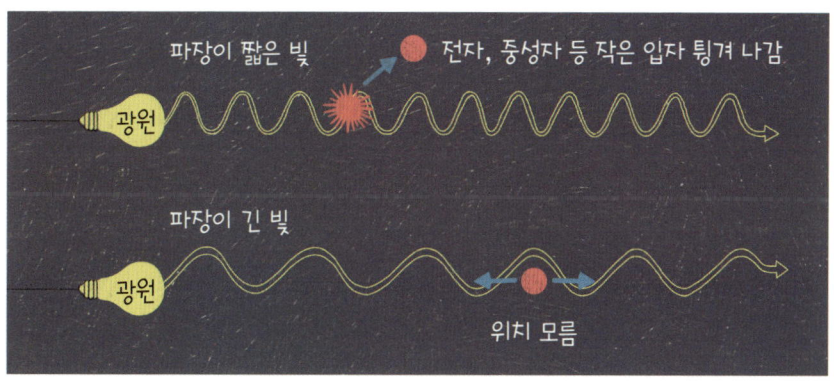

속도를 알 수 없고, 속도를 알면 위치를 알 수 없는 이상한 딜레마에 빠지는 거예요.

이것이 1927년 독일 물리학자 하이젠베르크가 발표한 불확정성 원리예요. 전자의 위치와 속도를 동시에 알지 못하면 우리는 전자의 움직임을 정확히 알 방법이 없어요. 단지 확률로만 추측할 뿐이에요. 60퍼센트 확률로 발견될 곳, 20퍼센트 확률로 발견될 곳, 10퍼센트 확률로 발견될 곳, 5퍼센트 확률로 발견될 곳 등등.

그래서 전자를 확률로만 추측할 수 있는 새로운 원자 모형이 만들어졌어요. 먼저 원자핵 주변에 전자가 발견될 확률이 있는 지점을 점으로 표시해요. 계속 점을 찍다 보면 아래 그림처럼 구름이 낀 모양이 되어요.

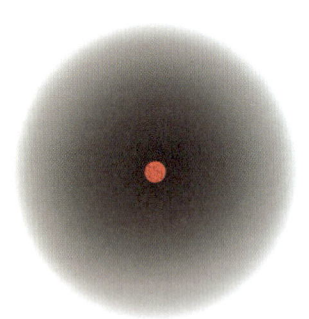

현대의 원자 모형

이것이 앞에서 소개한 현대 전자 모형이에요. 색이 짙은 영역은 전자가 발견될 확률이 높고, 옅을수록 발견될 확률이 낮아요. 마치 구름과 같다 해서 전자 구름 모형이라고도 불러요.

오랫동안 고전 물리학은 물체의 위치와 속도를 알면 미래를 예측할 수 있는 결정론을 주장했어요. 양자역학은 그건 거시 세계일 때 이야기이고, 미시 세계에서는 위치와 속도를 동시에 알 수 없으므로 미래를 정확히 예측하는 건 불가능하다, 단지 확률로 알 수 있을 뿐이라고 말해요. 라플라스의 악마는 없었어요. 적어도 양자역학이 지배하는 미시 세계 왕국에서는.

감자 캐던 과학자 러더퍼드

뉴질랜드 100달러 지폐에는 어니스트 러더퍼드의 초상화가 새겨져 있어요. 뉴질랜드 최초의 노벨 수상자 러더퍼드는 1871년 브라이트워터에서 태어났어요. 브라이트워터는 강원도 산골과 비슷한 조용하고 한적한 마을로 감자 농사가 주력 산업이었어요. 러더퍼드도 어릴 적부터 아버지를 도와 감자밭에서 살다시피 했지요. 그래서 또래보다 좀 늦은 열 살이 되어서야 학교에 들어갈 수 있었어요.

러더퍼드는 과학 과목을 가장 좋아했어요. 10대 때 사제 폭탄을 제조해 마을 사람들의 간담을 서늘케 한 적도 있었어요. 대학에 가서도 물리학을 공부했지만, 뉴질랜드에서 과학자로서 그가 할 일은 별로 없었어요. 그는 여전히 감자를 캐면서 무료한 하루를 보내고 있었어요.

1885년, 러더퍼드는 영국 케임브리지 대학에서 장학생을 선발한다는 소식을 들었어요. 케임브리지 대학은 물리학 분야에서 세계 최고의 권위를 자랑하는 명문 대학이에요. 뽑히기만 한다면 지긋지긋한 감자로부터 탈출할 좋은 기회였으나 다른 학생이 선발돼요. 이때만 해도 러더퍼드는 감자 농사꾼이 될 운명처럼 보였어요.

어느 날, 감자를 캐던 러더퍼드에게 우체부가 장학생에 선발되었다는 통지서를 가져왔어요. 처음 뽑혔던 학생이 의과대학으로 진로를 변경하면서 다음 순위인 러더퍼드에게 기회가 주어진 거예요. 러더퍼드는 손에 든 감자를 집어 던지며 "이 감자가 내 생애 마지막 감자다!"라고 외쳤어요.

러더퍼드는 입버릇처럼 "물리학만 진짜 과학이다. 생물학이니 화학이니, 지구과학은 우표 수집에 불과하다."라고 말하곤 했어요. 1908년 러더퍼드는 노벨상을 받았는데, 아이러니하게도 화학상이었어요.

러더퍼드의 다음 목표는 원자였어요. 그 무렵 원자는 베일에 가려진 미지의 세계였지요. 당시 최신 버전의 원자 모형은 스승인 J. J. 톰슨이 만든 모형이었어요. 톰슨은 최초로 전자를 발견한 사람이에요. 전자는 마이너스(−) 전기의 성질을 가지고 있어요. 그런데 원자는 전기적 성질이 없는 중성 상태예요. 그 말은, 원자 내부에 마이너스 전기를 상쇄하는 플러스(+) 전기를 띠는 뭔가가 존재한다는 뜻이에요. 이것이 양성자예요. 톰슨은 원자 내부에 마이너스 전자와 플러스 양성자가 뒤섞인 원자 모형도를 만들었어요.

이 원자 모형도는 푸딩 속에 건포도가 콕콕 박힌 모습 같아서 푸딩 모형이라고도 불렸어요. 러더퍼드는 스승의 원자 모형을 연구하다 문득 이런 생각

을 했어요.

'전자는 엄청 가볍다. 전자보다 무거운 입자를 쏴서 전자를 맞히면 입자는 살짝 굴절되겠지?'

1909년 러더퍼드는 얇은 금박지에 알파 입자를 쏘는 실험을 했어요. 알파 입자는 방사선의 하나로 종이를 통과하는 힘을 가졌어요. 러더퍼드는 전자보다 무거운 알파 입자가 전자와 부딪히면 살짝 빗나갈 거라 예상했어요. 그런데 발사한 알파 입자 하나가 뒤로 튕겨 나왔어요. 마치 벽을 향해 야구공을 던진 것처럼 말이에요. 러더퍼드는 깜짝 놀랐어요. 그건 원자 내부에 전자보다 훨씬 무거운 뭔가가 있다는 뜻이었어요. 바로 원자핵이에요. 양성자는 톰슨의 예상과 달리 건포도처럼 박혀 있는 게 아니라 원자핵 속에 똘똘 뭉쳐 있었어요. 1935년 영국 물리학자 제임스 채드윅이 원자핵 속에는 양성자 외에도 중성자가 있다는 사실을 알아내 노벨 물리학상을 받았어요. 원자 질량의 99퍼센트 이상은 원자핵이에요.

Chapter 3
살아 있으면서 죽은 고양이

한 남자가 타임머신을 타고 과거로 돌아가 어린 시절의 할아버지를 살해한다. 여기서 질문! 할아버지는 살았을까, 죽었을까?

"아니, 방금 할아버지를 살해했다면서, 그게 무슨 뚱딴지같은 질문이야?"

흥분하지 말고 내 말을 끝까지 들어 주기 바란다.

남자가 할아버지를 살해한다. → 아버지는 태어나지 못한다. → 남자도 태어나지 못한다. → 남자는 과거로 올 수 없다. → 할아버지는 무사하다. → 아버지가 태어난다. → 남자도 태어난다. → 남자는 과거로 돌아가 할아버지를 살해한다. → 아버지는 태어나지 못한다. → 남자도 태어나지 못한다. → 남자는 과거로 올 수 없다. → 할아버지는 무사하다. → …. (무한 반복)

프랑스 작가 르네 바르자벨의 소설 『경솔한 여행자』에 나오는 할아버지의 역설이다. 역설이란, 듣기에는 그럴듯해 보이지만 논리에 모순이 있어 이치에 맞지 않는 주장을 말한다. 할아버지의 역설에서 할아버지는 살아 있으면서 죽어 있는 두 가지 상태를 가진다. 양자역학에서는 이렇게 두 가지 상태가 겹쳐진 것을 중첩이라고 한다. 양자역학에서 중첩은 역설도 헛소리도 아니다. 엄연히 존재하는 현상이다. 양자역학에서는 살아 있으면서 죽은 고양이도 얼마든지 가능하다. 그 신비한 고양이를 지금부터 만나러 가 보자.

이중 슬릿 실험

20세기 초, 과학자들은 재미있는 실험을 했어요. 상자 중간에 칸막이를 끼우고, 칸막이에는 두 개의 가는 틈을 만들었습니다. 이것을 **이중 슬릿 실험**이라 불러요. 이중은 두 개, 슬릿은 좁은 틈, 즉 두 개의 좁은 틈을 놓고 하는 실험이에요. **이중 슬릿 실험은 어떤 물질이 입자인지 파동인지를 구별**하는 유명한 방법이에요.

어떤 물체를 맨 앞에서 두두두두 난사해요. 만일 야구공과 같은 입자라면, 일부는 앞의 벽에 맞겠지만, 두 개의 틈을 통과한 녀석들은 뒤쪽 벽에 맞을 거예요. 그리고 공 자국 같은 무늬가 두 줄 생길 거예요. 슬릿이 두 개니까요.

그럼 파동은 어떨까요? 파동은 물결처럼 넓게 퍼져 나가기 때문에 슬릿을 통과해 뒷벽에는 많은 줄무늬가 생길 거예요.

이제 진짜 실험을 할 차례예요. 과학자들은 전자총으로 전자를 발사했어요. 잠시 후 뒷벽에 여러 개의 줄무늬가 나타났어요. 흠, 역시 전자는 파동인가? 과학자들은 문득 궁금했어요. 파동인 전자가 어떤 식으로 슬릿을 통과하는지 말이에요. 그래서 슬릿 앞에 측정기를 설치했어요. 그

랬더니 뒷벽에 두 줄무늬가 나타났어요.

아니, 이게 어떻게 된 거지? 아까는 분명히 여러 줄이었잖아! 과학자들은 당황했어요. 두 줄이라는 건 전자가 입자로 움직였다는 뜻이에요. 과학자들은 측정기를 제거하고 다시 실험했어요. 그러자 이번에는 다시 여러 줄 무늬가 나타났어요. 파동이었어요.

과학자들은 귀신에 홀린 기분이었어요. 마치 전자가 과학자들의 속마음을 읽고 심술을 부리는 것처럼 보였어요. 대체 이걸 어떻게 해석해야 한담? 과학자들은 공황에 빠졌어요.

대격돌, 고전 물리학 대 양자역학

1911년 벨기에의 성공한 사업가 에르네스트 솔베이는 자금을 대서 솔베이 회의라는 과학 회의를 만들었어요. 세계의 이름난 과학자들이 3년마다 벨기에 수도 브뤼셀에 모여 과학계의 쟁점을 놓고 토론을 벌이도록 했어요.

1927년 10월, 5차 솔베이 회의에서 물리학 역사상 가장 유명하고 치열한 토론이 시작되었어요. 마리 퀴리, 알베르트 아인슈타인, 닐스 보어, 막스 플랑크, 베르너 하이젠베르크, 에르빈 슈뢰딩거, 막스 보른 등등. 참석자 29명 중 과반인 17명이 노벨상 수상자였어요. 과학 위인전 주인공들이 한 자리에 모인 셈이에요. 주제는 당시 가장 핫이슈인 양자역학이었어요.

참석자들은 크게 두 그룹으로 나뉘었어요. 양자역학을 지지하는 찬성파와 양자역학을 받아들이지 못하는 반대파가 격돌했어요. 찬성파에는 대장인 닐스 보어를 필두로 막스 보른, 베르너 하이젠베르크가 포진해 있었어요. 리더인 보어가 덴마크 코펜하겐 출신이어서 그들을 일명 '코펜하겐 학파'라 불러요. 반대파의 주축은 아인슈타인과 슈뢰딩거였

어요. 전통의 고전 물리학과 신예 양자역학의 대결이었어요. 반대파와 찬성파의 토론이 어찌나 치열했는지 솔베이 회의가 아니라 솔베이 전쟁이라고도 불러요.

회의 다섯째 날, 점심을 먹은 후 막스 보른이 입을 열었어요.

막스 보른 : 전자처럼 미시 세계에 있는 양자는 여러 가지 상태가 겹쳐져 있는 중첩 상태를 가집니다. 이와 같은 중첩 상태는 관측자가 관측(측정)하면 붕괴하여 하나로 나타납니다.

고전 물리학자들 : …?

전자의 이중 슬릿 실험을 이 중첩 상태로 설명할 수 있어요. 전자는 관측하기 전에는 파동과 입자의 상태를 가진 중첩 상태예요. 그리고 중첩 상태에서 전자는 파동처럼 움직여요. 그래서 벽에 여러 개의 줄무늬가 나타났던 거예요. 하지만 측정기를 작동시키면 전자는 입자로 변신해요. 측정기에서 발사한 빛이 전자에 맞아 중첩 상태가 붕괴하였기 때문이에요. 전자는 너무도 가벼워 미세한 빛이라도 맞으면 큰 충격을 받거든요. 반대파의 선봉장 아인슈타인은 믿을 수 없다며 고개를 절레절레 흔들었어요. 관측해야 상태가 결정된다니, 이런 이야기는 듣도 보도 못 한 것이었어요.

아인슈타인 : 뭐라고요? 관측자가 관측해야만 상태가 결정된다고? 그럼 아무도 밤하늘을 올려다보지 않으면 달은 거기에 없겠군요.

입자의 상태는 관측 전에는 확률로만 존재한다는 주장에 아인슈타인은 비아냥댔지만, 대다수 과학자는 코펜하겐 학파 해석에 일리가 있다며 손을 들어 주었어요. 이것을 코펜하겐 해석이라 부른답니다. 이렇게 해서 5차 솔베이 회의는 양자역학 반대파의 참패로 막을 내렸어요. 그리고 양자역학은 솔베이 회의를 통해 당당하게 주류 물리학계에 진입할 수 있었어요.

한편 양자역학 반대파의 행동대장 슈뢰딩거는 참을 수 없었어요. 그는 양자역학 진영에 한 방 먹일 반격의 카드를 준비했어요. 이것이 유명한 슈뢰딩거의 고양이예요.

살아 있으면서 죽은 고양이

1935년 **슈뢰딩거**는 고양이를 실험한 논문 하나를 발표했어요. 진짜 고양이를 실험 대상으로 삼은 것은 아니에요. 사고 실험이에요.

사고 실험이란 일종의 가상 시뮬레이션이에요. 오늘날에는 컴퓨터로 시뮬레이션 프로그램을 돌리지만, 슈뢰딩거 시절에는 컴퓨터가 없었어요. 그래서 슈뢰딩거는 두뇌를 총 가동해 고양이가 있다고 가정하고 상상 실험을 했어요. 논문의 실험은 내용이 꽤 복잡한데, 여러분들의 이해를 돕기 위해 쉽게 재구성해 봤어요.

커다란 박스가 있어요. 박스 안에는 양자가 들어 있는 작은 상자가 있습니다. 상자 입구에는 망치가 있고, 망치 옆에는 독가스가 든 유리병이 놓여 있습니다. 망치가 유리병을 깨면 독가스가 흘러나와요. 마지막으로 귀여운 고양이 '냥냥이'를 넣고 박스를 닫습니다.

양자역학에 따르면 양자는 두 가지 상태를 모두 가지는 중첩 상태입니다. 이 두 가지 상태를 각각 A, B라고 부를게요. 만일 상자에서 튀어나온 양자가 A라면 망치는 즉시 반응해 유리병을 깹니다. 그럼 독가스가 나와서 냥냥이는 사망합니다. 하지만 양자가 B 상태라면 망치는 반응하지 않아요. 냥냥이는 무사합니다.

양자역학에 따르면 원자는 누군가 관측하기 전에는 A와 B의 상태를 모두 가집니다. 박스를 닫았으니 우리는 박스 안 양자를 관측할 수 없어요. 그럼 양자도 A와 B 상태를 모두 가지는 중첩 상태입니다.

문제는 지금부터입니다. 애초에 망치는 A면 반응하고, B에는 반응하지 않기로 설정되어 있어요. 그런데 튀어나온 양자는 A이면서 동시에 B인 상태예요. 설정에 없는 돌발 상황이에요. 머뭇거리던 망치는 결국 양자의 중첩 상태에 맞춰 자신도 중첩 상태가 되어 버립니다. 유리병을 깨면서 동시에 깨지 않는 거예요. 그럼 독가스도 흘러나오면서 동시에 흘러나오지 않는 중첩 상태가 되지요. 또 냥냥이도 죽었으면서 동시에 살아 있는 중첩 상태가 됩니다.

양자의 중첩 상태가 도미노처럼 망치와 유리병과 냥냥이에게까지 전염되는 황당한 일이 연달아 발생하는 거예요. 그런데 이런 고양이가 존재할 수 있나요? 슈뢰딩거는 양자역학이 주장하는 중첩 상태에 심각한 오류가 있음을 지적하고 싶었던 거예요.

슈뢰딩거는 '어때? 이래도 할 말 있어?'라며 의기양양했어요. 양자역학 진영은 '그게 뭐?' 하며 대수롭지 않다는 반응을 보였어요.

양자역학 : 정말로 박스 내부가 관측되지 않았다고 생각해?

슈뢰딩거 : 당연하지, 박스는 굳게 닫혀 있었다고.

양자역학 : 고양이를 잊고 있었군.

슈뢰딩거 : 고양이가 왜?

양자역학 : 고양이가 원자를 관측했다고.

슈뢰딩거 : …?

양자역학에서 말하는 관측은 단지 본다는 행위만을 뜻하지 않아요. 관측의 의미는 굉장히 넓어요. 측정하기 위해 꼭 눈을 뜨고 있을 필요는 없어요. 냥냥이가 쿨쿨 자고 있어도 그 존재만으로 측정이 되었다고 양자역학은 간주해요. 고양이와 같은 생명체는 물론 공기에 들어 있는 산소, 질소 분자도 측정에 영향을 미쳐요. 원자가 공기 분자와 부딪히면 즉시 중첩 상태가 붕괴하기 때문이에요. 말하자면, 전 우주가 측정에 관여하는 거예요.

양자역학은 인간도 얼마든지 중첩 상태를 가질 수 있다고 말합니다. 그런데도 인간이 입자 상태만 가지는 건 수많은 원자로 이루어져 있어서예요. 입자들끼리 서로 치열하게 관측하고 있어서 중첩이 붕괴한 거예요.

슈뢰딩거의 의도대로 일은 풀리지 않았어요, 양자역학을 도무지 이해할 수 없었던 사람들이 이 논문을 읽고 "뭐야, 양자역학이 이런 거였어?"라며 고개를 끄덕거리기 시작했어요. 슈뢰딩거의 고양이에는 양자역학의 핵심 포인트들이 친절하게도 잘 정리되어 있었거든요. 이때부터 슈뢰딩거의 고양이는 양자역학을 상징하는 대표적 아이콘이 되었어요.

안톤 차일링거의 실험

그렇다면 살아 있으면서 죽은 고양이는 정말로 존재할 수 있을까요? 양자역학은 충분히 가능하다고 말합니다. 단, 몇 가지 까다로운 조건을 갖춰야 해요. 중첩 상태를 붕괴시키는 모든 방해물을 제거해야 해요. 빛도 없어야 하고, 공기가 있어서도 안 돼요.

오스트리아 양자 물리학자 안톤 차일링거는 살아 있으면서 죽은 고양이가 가능하다고 생각했어요. 1999년 차일링거는 탄소 원자 60개가 축구공처럼 결합된 C60 분자를 이중 슬릿에 통과시키는 실험을 했어요. 비록 고양이는 아니지만, C60은 전자나 원자에 비하면 엄청 큰 입자 덩어리예요.

차일링거는 C60이 이중 슬릿을 통과해 벽에 도착하는 동안 만나게 될 모든 장애물을 제거했어요. 미세한 먼지는 물론, 공기 분자가 중첩을 깨뜨리면 곤란하므로 실험 공간 내부를 완벽한 진공 상태를 만들었어요. 그랬더니 벽에는 파동을 상징하는 여러 개의 줄무늬가 나타났어요. 과학자들은 깜짝 놀랐어요. 비록 분자였지만, 이 결과가 말하는 바는 의미심장했어요.

원자가 모이면 분자가 되고, 분자가 여러 개 모이면 세포가, 세포가 모이면 뼈와 근육 같은 조직이, 조직들은 고양이 같은 생명체를 구성해요. 실험 조건을 계속 개선해 나가면 언젠가 진짜 고양이가 유령처럼 이중 슬릿을 동시에 통과하는 만화 같은 장면을 우리는 볼 수 있을지도 몰라요.

여러 개의 세계, 여러 개의 나

몇 시간 전 회사에서 해고당한 헬런은 지하철역으로 갑니다. 문이 닫히려는 전철을 향해 헬런은 몸을 던져요. 그 순간, 헬런의 세계는 두 개로 나눠집니다. 아슬아슬하게 지하철을 탄 헬런과 간발의 차이로 지하철을 타지 못한 헬런으로요.

전철을 타고 집에 온 헬런은 남자 친구가 다른 여자와 있는 걸 발견해요. 헬런은 남자 친구와 헤어지고 바람 따위는 피울 것 같지 않은 자상한 남자 제임스를 만나요. 새 직장도 얻고 새 애인도 생기고 행복한 시간을 보내던 헬런. 그러나 불의의 교통사고로 사망해요.

한편, 전철을 놓친 헬런은 택시를 기다리던 중 소매치기를 당해 부상까지 입어요. 헬런이 집에 왔을 때 남자 친구의 애인은 돌아간 후였지요. 하지만 헬런은 남자 친구의 비밀을 알게 되어 충격을 받고, 집을 뛰쳐나오다 계단에서 굴러 떨어져요. 퇴원하는 날, 헬런은 병원 엘리베이터에서 우연히 제임스를 만나요….

1998년 개봉된 영화 〈슬라이딩 도어즈〉의 줄거리예요. 지하철을 타느냐 마느냐의 선택 차이로 주인공을 둘러싼 세계는 둘로 분리돼요. 두 세계는 영원히 만나지 못하는 평행선을 그으며 진행되지요. 과학에서는 이것을 평행 세계, 혹은 평행 우주라 불러요. 평행 우주는 양자역학 이론의 하나인 다세계 해석에서 유래되었어요.

다세계 해석을 처음 제시한 사람은 1954년 미국의 젊은 물리학자 휴 에버렛이에요. 에버렛은 양자역학의 중첩 현상에 의문을 가졌어요.

'중첩 상태 물체는 관측이 되면 하나의 상태로 결정된다는데, 그게 끝일까?'

에버렛은 관측이 되는 순간, 하나로 결정되는 게 아니라 두 세계가 나눠진다고 생각했어요. 슈뢰딩거의 실험에서 박스를 열었을 때, 즉 관측했을 때 고양이가 죽었다면, 그 순간 살아 있는 고양이의 세계도 함께 진행돼요. 단지 우리는 죽은 고양이의 세계에 남아 있으므로 살아 있는 고양이의 세계가 따로 있다는 걸 모를 뿐이에요.

이게 끝이 아니에요. 분리된 두 세계는 다시 측정이나 관측을 하는 순간 다시 각각 둘로 나뉘고, 이런 현상은 무한 반복돼요. 마치 하나의 줄기에서 나눠진 가지가 계속해서 나뉘듯이 말이에요. 세계는 끝없이 분리되고 또 분리되어 무한대가 돼요. 다세계가 되는 거예요.

이제 처음으로 돌아와 할아버지의 역설을 생각해 봐요. 과학은 할아버지의 역설을 어떻게 해석할까요? 많은 과학자는 시간 여행 자체가 불가능하다고 말해요. 왜냐하면 과거로 돌아간 남자가 하는 사소한 행동 하나하나가 미래에 영향을 미치기 때문이에요. 반면, 다세계 해석은 남자가 할아버지를 죽이는 순간, 할아버지가 죽은 세계와 할아버지가 살아 있는 세계로 나뉜다고 봐요. 다세계 해석의 관점에서는 할아버지는 정말로 살아 있으면서 동시에 죽어 있는 거예요.

　에버렛은 다세계 해석을 평소 존경하는 닐스 보어에게 들려줬어요. 보어는 불같이 화를 내며 "양자역학의 '양' 자도 모르는 멍텅구리!"라고 에버렛에게 욕설을 퍼부었어요. 에버렛은 1982년 심장병으로 사망했어요. 14년 후 에버렛의 딸은 자살하면서 "평행 우주에서 아빠를 만날게요."라는 유서를 남겼어요.

　에버렛이 사망한 후 다세계 해석은 뒤늦게 조명을 받았어요. 1997년 양자역학 과학자들은 수많은 양자역학 해석 중에서 다세계 해석을 코펜하겐 해석 다음인 2위로 꼽았어요. 현재 다세계 해석은 SF소설이나 영화의 인기 소재예요.

Chapter 4
떨어져도 우리는 한 몸, 양자 얽힘

기원전 450년경, 그리스 도시국가 스파르타는 또 다른 도시국가 아테네와 전쟁 중이었다. 스파르타는 아테네를 협공하기 위해 중동의 페르시아 제국과 동맹을 맺었다. 그런데 페르시아가 스파르타를 배신할 거라는 소문이 들렸다. 스파르타의 장군 라이산더는 고민했다.

'기습을 당하기 전에 먼저 스파르타를 칠까? 하지만 소문이 거짓이라면 소중한 동맹을 잃는다. 그럼 이대로 지켜볼까? 그랬다가 페르시아가 뒤통수를 치면 어쩌지?'

라이산더는 소문을 확인하기 위해 페르시아에 스파이를 잠입시켰다. 첩보 수집을 마친 스파이는 글자가 적힌 가죽끈을 라이산더에게 보냈다. 가죽끈의 글자는 의미가 없는 알파벳의 나열이었다. 하지만 라이산더가 가죽끈을 나무 막대에 칭칭 감자 문장이 나타났다.

'페르시아는 장군의 친구를 살해했습니다. 그들은 장군도 노리고 있습니다.'

최초의 암호장치 스키테일(Scytale)이다. 모든 것이 확실해진 라이산더는 페르시아를 공격해 승리했다.

암호 이야기

인류는 수천 년 전부터 첩보 활동을 해 왔어요. 외교관과 스파이를 외국과 정치적 라이벌에 침투시켜 비밀리에 정보를 모으도록 했어요. 첩보 수집만큼 어렵고 중요한 것은 어떻게 정보를 전달하느냐였어요. 우리 편이 받아 보기 전에 발각되면 도로아미타불이 되고 말아요. 그래서 스파이들은 기상천외한 방법을 동원했어요. 전달자의 머리를 박박 깎아 머리 가죽에 메시지를 쓴 다음 머리가 풍성하게 자란 후에 보내면 우리 편은 전달자의 머리를 다시 깎아 메시지를 읽었어요. 괜찮은 아이디어지만 머리털이 자랄 때까지 기다려야 해서 긴급하게 소식을 전할 때는 적합한 방법이 아니었어요. 고대 중국인들은 전달자가 적과 내통해 중간에 내용을 읽어 볼 위험을 방지하기 위해 촛농으로 겉봉투를 밀봉했어요. 하지만 솜씨 좋은 자라면 내용을 읽어 보고 얼마든지 원상 복구를 할 수 있었어요.

그래서 사람들은 생각했어요.

'정보를 날것 그대로 보내는 건 위험해, 정보가 털리더라도 상대방이 내용을 모르게 하자.'

그 방법은 바로 메시지를 암호로 만드는 것이에요.

'암호'라는 뜻의 영어 크립토그래프(Cryptograph)는 '비밀'을 뜻하는 그리스어 크립토스(Kryptos)에서 유래했어요. 고대 그리스 첩자들은 정보를 스키테일 암호로 만들어 아군 진영에 보냈어요. 비밀리에 보내야 할 메시지를 적은 가죽끈을 스키테일이라는 정해진 굵기의 원통형 막대에 칭칭 감아야만 내용을 알 수 있었지요. 스파르타인들은 전쟁을 떠날 때 같은 모양과 굵기의 스키테일을 본국 군대와 떨어진 군대가 하나씩 나누어 갖고 암호로 교신했다고 해요.

고대 로마의 군인이자 권력자였던 줄리어스 카이사르는 가족과 연락을 주고받을 때 '카이사르 암호'를 사용했어요. 카이사르 암호는 A는 D로, B는 E로, 알파벳을 세 자리 뒤로 미뤄 쓰는 방식이에요. 아빠(DAD)라면, GDG가 되는 거예요. 편지를 탈취한 사람은 'GDG? 이게 뭔 소리야?' 하며 고개를 갸웃거릴 거예요.

어느 날, 카이사르 앞으로 가족이 보낸 편지 한 장이 배달되었어요. 암호를 풀자 '암살자를 조심하라!'라는 문장이 나왔어요. 기원전 44년 3월 15일, 카이사르는 원로원 회의에 참석하러 가는 길에 암살당했어요. 암살자는 카이사르가 가장 믿었던 친구이자 부하인 브루투스였어요.

암호 키 이야기

스키테일과 카이사르 암호는 암호를 만드는 방법과 푸는 방법이 동일해요. 스키테일은 나무 막대이고, 카이사르 암호는 알파벳을 세 자리 뒤로 미뤄 쓰는 것이에요. 이렇게 암호를 만들고, 암호를 푸는 방법을 열쇠, 영어로 키(Key)라 불러요. 사물함 열쇠처럼 하나의 열쇠로 잠그고 푸는 셈이에요. 이렇게 양쪽이 같은 키를 사용한다고 해서 이것을 대칭 키 방식이라고 불러요. 대칭 키는 20세기 중반까지 널리 사용된 암호화 방식이었어요.

대칭 키 방식에는 문제점이 있었어요. 예를 들어, 밥이 앨리스에게 '밥 먹었어?'라는 메시지를 보낸다고 가정해 볼게요. 밥은 이 메시지를 키를 이용해 '1234'라는 암호문으로 바꿔 보내요. 수신자 앨리스가 '1234' 암호문을 풀려면 밥이 사용한 그 키가 필요해요. 그래서 밥은 '1234'와 함께 키도 같이 전송해야 해요. 마치 기밀문서를 서류 가방에 넣고 열쇠로 잠근 다음, 열쇠와 서류 가방을 소포에 함께 넣어 보내는 것과 같아요. 이때 이브가 이 메시지를 중간에 엿들어요. 바로 해커예요. 하지만 밥과 앨리스는 해커가 메시지를 엿본다는 사실을 알지 못해요. 해커의 행위는

암호학에서의 밥, 앨리스, 이브

암호를 다루는 학문을 암호학이라고 한다. 암호학에서 밥(Bob)과 앨리스(Alice)는 통신을 주고받는 사람이고, 이브(Eve)는 엿듣는 사람을 상징한다.

인터넷과 같은 네트워크에서 전송되는 정보에 그 어떤 영향도 미치지 못하기 때문이에요. 해커에 의해 은밀한 개인 정보가 수도꼭지에 물 새듯 줄줄 유출되는 거예요.

컴퓨터 보안 전문가들은 오랫동안 이 문제를 놓고 골머리를 앓았어요. 그러다 1978년 미국 MIT 대학 수학자들이 새로운 방식을 개발했어요. 먼저 밥과 앨리스에게 두 개의 키가 주어져요. 첫 번째 키는 두 사람은 물론 누구나 사용할 수 있어요. 인터넷에 공개되어도 상관없어요. 그래서 이것을 공개 키라 불러요. 두 번째 키는 밥과 앨리스가 보관하는 개인 키예요. 공개 키와 달리 개인 키는 절대로 노출되어서는 안 돼요.

이제, 밥은 앨리스에게 '주말에 만날까?'라는 데이트 신청 메시지를 보내려고 해요. 밥은 앨리스의 공개 키를 가져와 이 문장을 '5678'이라는 암호로 변환해 전송해요. 해커 이브가 이번에도 중간에서 메시지를 해킹하지만, 이브는 '5678'을 해독할 수 없어요. 왜냐하면, 앨리스의 공개 키로 만든 이 암호문은 오직 앨리스가 보관한 개인 키로만 풀 수 있기 때문이에요. 앨리스는 수신한 메세지를 개인 키로 풀어 내용을 확인해요.

이제 앨리스가 밥에게 답장을 보낼 차례예요. 원리는 아까와 같아요. 앨리스는 수신 상대방, 즉 밥의 공개 키를 이용해 어떤 문장을 'ㅋㅋㅋㅋ'이라는 암호로 만들어 보내요. 이브가 메시지를 해킹하려고 하지만 역시 해석할 수 없어요. 밥의 개인 키로만 풀 수 있기 때문이에요. 밥은 수신한 'ㅋ

ㅋㅋㅋ'을 자신의 개인키로 풀어, '미안! 나 남자 친구 생겼어.'라는 슬픈 문장을 확인해요. 대칭 키는 잠그는 키와 푸는 키가 같았지만, 이번에는 잠그는 키와 푸는 키가 달라요. 비대칭이라고 해서 이것을 비대칭 키 방식이라고 불러요.

비대칭 키 방식은 보안성이 뛰어나, 인터넷 뱅킹, OTP(일회용 비밀번호), 전자서명, 인증서를 취급하는 금융기관에서 많이 사용해요. 하지만 비대칭 키 방식은 암호를 만들고 푸는 데 시간이 오래 걸린다는 단점이 있어요. 그래서 대칭 키 방식과 비대칭 키 방식을 섞어 사용하는 게 보통이에요.

비대칭 키 암호가 처음 개발되었을 때 보안 전문가들은 절대로 뚫리지 않는 가장 완벽한 방식이라고 확신했어요. 해커들이 이 암호 키를 해독하려면 4경 년이 걸릴 거라 예상했어요. 지구의 나이가 45억 년이니, 4경 년이면 엄청난 시간이에요. 하지만 해커들의 생각은 달랐어요.

'세상에 뚫리지 않는 암호란 없다! 크크크.'

실제로 1994년이 되자 3개월 만에 암호가 해독되었어요. 컴퓨터 성능

OTP란?

OTP는 원 타임 패스워드(One Time Password)의 약자로, 일회용 비밀번호를 말한다. 예전에는 인터넷 뱅킹이나 스마트폰으로 주식을 거래할 때 내가 만든 비밀번호를 입력해야 홈페이지나 앱에 로그인할 수 있었다. 그런데 같은 비밀번호를 계속 사용하다 보면 타인에게 비밀번호가 유출될 위험이 증가한다. 이것을 방지하기 위해 로그인할 때마다 매번 다른 일회용 비밀번호를 부여받는 방식이 OTP다.

이 급속도로 발전하면서 불가능하게 보였던 암호도 풀리게 되었던 거예요. 최근 포털 사이트와 은행에서 개인 정보가 유출되는 사건이 잇달아 발생하면서 사람들은 현재 암호 방식에 불안감을 느끼고 있어요. 그래서 그 대안으로 주목받는 것이 양자역학 원리를 이용한 암호 방식이에요. 우리는 이것을 양자 통신이라고 불러요.

스핀 이야기

지금부터 여러분은 양자역학에서도 가장 미친 소리처럼 들리는 이론을 만나게 될 거예요. 바로 양자 얽힘이에요. 순간 이동(양자 도약)을 하고, 두 가지 상태가 겹쳐 있다가(양자 중첩), 쳐다보는 것만으로 하나의 상태로 결정되고(중첩 붕괴), 심지어 고양이도 와이파이처럼 파동이 될 수도 있다는 주장까지 모두 황당하게 들리지만, 양자 얽힘에 비하면 이것들은 새 발의 피라고 할 수 있어요.

전자, 양성자, 중성자, 광자(빛 알갱이)와 같은 양자들은 고유한 운동량을 갖고 있어요. 이것을 스핀이라 불러요. 영어로 스핀(Spin)은 회전이에요. 팽이처럼 빙빙 도는 걸 말해요. 그런데 전자는 이론적으로 회전할 수 없어요. 빙글빙글 도는 팽이, 자전하는 지구, 피겨 선수가 트리플 악셀 점프를 하는 건 부피를 갖고 있기 때문이에요. 그런데 전자는 질량은 있으나 부피는 없어요. 노트에 펜으로 찍은 점과 같은 존재예요. 그런데 전자가 가진 운동량을 계산했더니 회전하는 물체의 운동량을 갖고 있어요. 이걸 대체 어떻게 해석해야 하나? 과학자들은 머리가 지끈거렸어요. 고심 끝에 결론을 내렸어요.

'모르겠다. 그냥 애들이 회전한다고 치자!'

좀 찜찜하지만 어찌 됐든 과학자들은 '이건 스핀!'이라고 못을 박았어요. 스핀에는 두 종류가 있어요. 시계 방향으로 회전하는 업스핀, 시계 반대 방향으로 회전하는 다운스핀이에요. 실제 전자는 이렇게 돌지 않지만, 아무튼 과학자들은 그렇게 돈다고 합의했어요.

양자 얽힘

양자 중에는 한 몸처럼 얽힌 녀석들이 있어요. 이것을 양자 얽힘이라고 해요. 얽힌 양자 쌍의 하나가 업스핀이면 나머지는 반드시 다운스핀이에요. 둘 다 같은 스핀이 될 수 없어요. 예를 들어, 1번 전자가 업스핀이면 2번 전자는 다운스핀, 2번 전자가 업스핀이면 1번 전자는 다운스핀이 되는 거예요.

양자역학은 이렇게 주장해요. 1번 전자를 서울에 두고 2번 전자는 런던으로 보내요. 전자는 양자이기 때문에 두 전자 모두 관측하기 전에는 업스핀과 다운스핀이 중첩된 상태예요. 즉, 아직 상태가 결정되어 있지 않은 거예요. 1번 전자를 관찰했더니 업스핀이 나왔어요. 동시에 런던에 있는 2번 전자는 다운스핀으로 변해요.

이번에는 두 전자를 더 멀리 떨어뜨려 보겠습니다. 1번 전자는 지구에 남겨 두고 2번 전자는 90억 광년 떨어진 이카로스 별에 보내요. 1번 전자를 관측했더니 다운스핀이 나왔다면 그 순간 2번 전자는 업스핀으로 결정되어요. 여기서 중요한 것은, 1번 전자의 상태가 결정된 다음 2번 전자의 상태가 결정되는 게 아니라는 점이에요. 두 전자는 동시에 상태가

결정돼요. 약간의 지체도 없이 말이에요.

이것은 정말 믿기 힘든 이야기에요. 1번 전자의 소식이 2번 전자에 전해진 걸까요? 그렇다고 해도 빛보다 빠른 물체는 없어요. 90억 광년이란 빛의 속도로 90억 년이 걸리는 거리예요. 양자 얽힘은 시간과 공간을 초월해요.

"유령이 원격 작용이라도 했나!"

아인슈타인은 대뜸 이렇게 비아냥거렸어요. 아인슈타인은 특수 상대성 이론에서 '빛보다 빠른 물질은 없다.'라고 주장한 장본인이었어요. 양자 얽힘은 자신의 이론을 정면으로 부정하고 있었어요. 아인슈타인은 절대로 양자 얽힘을 인정할 수 없었어요.

베르틀만의 짝짝이 양말

1935년, 아인슈타인과 포돌스키, 로젠, 이 세 명의 과학자는 논문 하나를 발표했어요. 세 사람의 이름 첫 알파벳을 따서 EPR 역설이라고 해요. EPR 역설은 양자 얽힘을 반박하는 논문이에요. 대략 이런 내용이에요.

고전 물리학은 멀리 떨어진 두 물체는 결코 직접적으로 영향을 줄 수 없다고 설명해요. 이것을 국소성 원리라고 해요. 예를 들어, 서울 시민 철수가 "영희야, 사랑해!"라고 고함을 질러도 제주도민 영희는 알 수 없어요. 마음을 전하려면 상대방과 통신을 해야 해요. 하지만 통신 속도는 빛보다 빠를 수 없어요. 따라서 양자 얽힘은 국소성 원리를 위반하기 때문에 틀린 주장이에요.

"그럼 1번 전자의 상태가 결정되면 멀리 떨어진 2번 전자도 영향을 받는 건 뭔가요?"

"후후, 두 전자는 처음부터 상태가 결정되어 있어요. 영향을 주고 받는 것처럼 보일 뿐이죠."

EPR 역설은 이렇게 말해요. 1번 전자가 업스핀이고 2번 전자가

다운스핀이라면, 그건 **처음부터 그렇게 결정되어 있기 때문**이에요. 1번 전자의 측정 결과가 2번 전자의 상태에 영향을 주는 게 아니라는 말이에요.

오스트리아 물리학자 중에 라인홀트 베르틀만이라는 사람이 있어요. 베르틀만은 매일 색깔이 다른 짝짝이 양말을 신는 희한한 패션 취향을 갖고 있었어요. 오늘은 어떤 발에 어떤 양말을 신을지는 베르틀만도 동료들도 몰라요. 다만, 건물 모퉁이를 돌아오는 베르틀만의 왼발에 핑크색 양말이 보인다면 모퉁이에 가려진 오른발 양말은 핑크색이 아닌 것만은 분명해요.

양자 얽힘을 반대하는 과학자들은 양자 얽힘도 짝짝이 양말과 비슷하다고 말해요. 양말 상자에 핑크색-노란색 조합의 양말이 들어 있어요. 베르틀만이 상자에서 꺼낸 양말이 핑크색이면 남은 양말은 자동으로 노란색이에요. 여기서 과학자들은 질문을 던져요.

"핑크색으로 결정된 정보가 빛보다 빠르게 전달되어 노란색 양말의 상태를 결정짓는가?"

당연히 아니에요. 처음부터 양말은 핑크색-노란색 조합으로 결정되어 있었어요. 즉, 한쪽 양말의 상태를 측정한 행위는 상자에 남은 양말 상태에 어떤 영향도 주지 못해요. 또한, 먼저 꺼낸 양말이 핑크색임을 확인한 정보가 빛의 속도보다 빠르게 다른 양말에 전달되는 것도 아니고요.

양자역학은 이에 동의하지 않았어요. 양자 세계의 양말은 특수해요. 짝짝이 양말 한 켤레가 **얽힘 상태의 양자**라면, 관측 전의 양말 두 짝은 핑크색과 노란색의 가능성을 모두 가진 **중첩 상태**예요. 즉, 처음부터 결정되어 있지 않아요. 관측했을 때 한쪽 양말이 핑크색이면 그제야 오른쪽 양말은 노란색으로 결정된다고 생각해요.

양자역학은 또 말해요. 국소성 원리는 거시 세계에서는 들어맞지만, 미시 세계에는 통하지 않는다. 왜냐하면, 미시 세계에서는 빛보다 빠르게 정보가 전달되기 때문이라고.

양측은 팽팽하게 맞섰어요. 결국, 실험으로 증명하는 수밖에 없었어요. 1970년대부터 과학자들은 양자 얽힘을 연구하기 시작했어요. 버클리, 하버드, 텍사스 A&M 등 세계적인 명문 대학이 앞다투어 실험에 뛰어들었어요. EPR 역설이 맞는다는 실험도 더러 나왔지만, 전체적으로는 양자 얽힘 현상이 맞는다는 실험이 훨씬 많았어요. 2010년 차일링거 교수는 144킬로미터에 떨어진 두 개의 양자에서 양자 얽힘 현상을, 2015년 네덜란드 물리학자 로널드 핸슨은 스페인, 영국 과학자들과 함께 한 실험에서 1.3킬로미터 떨어진 두 개 전자에서 양자 얽힘 현상이 일어나는 것을 각각 확인했어요. 실험 과정에서 기술적으로 개선할 부분은 숙제로 남았지만, 현재 양자 얽힘은 과학계에서 기정 사실로 인정받고 있어요.

꿈의 양자 통신

양자 통신은 양자 얽힘 현상을 이용한 신개념 통신 기술이에요. 원리는 대칭 키 방식과 흡사해요. 밥과 앨리스는 똑같은 키를 분배받아요. 이제 밥이 앨리스에게 메시지를 보냈어요. 이브가 이 메시지를 해킹하려는 순간, 메시지는 깨어지고 말아요. **양자 통신은 양자역학의 중첩 상태로 메시지를 전송**해요. 메시지는 스핀업이면서 동시에 스핀다운 상태예요. 그런데 이브가 메시지에 접근하는 순간 **중첩 상태는 관측 때문에 붕괴**해요. 그리고 메시지(데이터)가 훼손되어요. 자폭 스위치를 누르는 것처럼 말이에요.

이게 끝이 아니에요. 기존의 암호 방식은 해커가 중간에 엿들어도 수신자나 발신자는 눈치채기 어려워요. 하지만 양자 통신은 양자 얽힘에 기반을 둔 통신 방식이에요. 양자 얽힘은 하나의 양자가 측정되는 순간 얽혀 있는 다른 양자도 상태가 결정되는 구조예요. 해커에 의해 메시지가 붕괴하는 순간 발신자 밥과 수신자 앨리스의 컴퓨터에 있는 나머지 양자도 중첩이 붕괴해요. 그리고 경고 신호가 떠요.

"경보! 누군가 해킹을 시도하고 있습니다."

그렇다면 암호 키가 밥과 앨리스에게 분배될 때를 노려 이브가 탈취하면 되지 않을까요? 이것도 불가능해요. 왜냐하면, 양자 암호 키도 중첩 상태이기 때문에 해커가 접근하는 순간 역시 붕괴하거든요. 말하자면 열쇠가 뚝 부러지는 거예요. 양자 통신은 원천적으로 해킹이 불가능해요.

이런 뛰어난 보안성 때문에 양자 통신은 꿈의 통신으로 불리고 있어요. 다만 양자 통신의 핵심인 중첩 상태의 양자를 유지하는 게 극히 까다롭고, 통신 가능 거리도 길지 않아 아직은 많은 시간이 필요해요. 현재 중국, 미국, 유럽, 일본 등은 일찍부터 양자 통신에 많은 투자를 하고 있어요.

특히 중국은 양자 통신 기술에서 단연 선두 주자예요. 중국은 2016년 세계 최초의 양자 통신 인공위성 '묵자'를 쏘아 올렸어요. 묵자(墨子)는 춘추전국 시대 중국 사상가 이름이에요. 2018년 묵자는 베이징에서 7600킬로미터 떨어진 오스트리아 빈에 이르는 대륙 간 양자 통신에 성공했어요. 일본도 2022년에 양자 암호 통신 위성을 발사하고 2027년부터 본격적으로 사용한다는 계획을 발표한 상태예요. 우리나라도 삼성을 비롯해 SK텔레콤, KT 등 통신사 대기업들이 앞다퉈 양자 통신 개발에 투자하고 있어요.

Chapter 5

괴물 양자 컴퓨터

2019년 10월 25일, 미국 IT 기업 구글은 자체 제작한 양자 컴퓨터 시커모어(Sycamore)를 세상에 공개했다. 시커모어는 슈퍼컴퓨터가 1만 년이 걸릴 계산을 단 3분 20초 만에 풀었다. 양자 컴퓨터 성능이 기존 컴퓨터를 초월했다! 구글은 이것을 양자 우월이라 불렀다.

　다음 해인 2020년 중국은 슈퍼컴퓨터의 1조 배, 시커모어의 100억 배 빠른 양자 컴퓨터 '지우장'을 개발했다고 발표했다. 지금 세계는 앞서거니 뒤서거니 양자 컴퓨터 개발 경쟁으로 후끈 달아올랐다. 양자 컴퓨터는 무엇일까? 어떤 컴퓨터이기에 그런 말도 안 되는 성능을 갖고 있는 것일까? 그리고 양자 컴퓨터와 양자역학은 어떤 관계일까?

트랜지스터 크기를 줄여라

컴퓨터(Computer)는 '계산하다'라는 뜻의 라틴어 콤푸타레(Computare)에서 유래했어요. 그래서 초기 컴퓨터는 계산기로 사용되었어요. 1946년 미국에서 제작된 최초의 전자식 컴퓨터 에니악(ENIAC)은 수학자들이 7시간 걸리는 문제를 30초 만에 풀어 사람들을 감탄시켰어요. 에니악은 30톤 무게에 창고 크기를 가진 초대형 컴퓨터였으나 계산 능력은 현대의 전자계산기만 못해요. 대략 에니악 10억 개를 연결하면 스마트폰 한 대의 성능과 비슷해요.

컴퓨터는 0과 1 두 개의 숫자를 이용해 연산하고 이미지를 저장해요. 전류가 통하면 1, 전류가 통하지 않으면 0으로 인식해요. 이것을 비트(bit)라고 해요. 이 역할을 담당하는 부품이 반도체예요. 반도체는 전기 스위치 역할을 해요. 스위치를 켜서 전류가 통하면 1이 되고, 스위치를 끄면 0이 되는 거예요. 이 스위치 기능을 하는 반도체가 트랜지스터예요. 트랜지스터는 뇌세포와 비슷해요. 트랜지스터 숫자가 많을수록 컴퓨터는 스마트해져요. 그래서 컴퓨터 회사들은 더 많은 트랜지스터를 넣고 싶어 했어요. 그러려면 트랜지스터 크기를 줄여야 했어요. 컴퓨터 내부 공간

무어의 법칙

"반도체 칩 하나에 심을 수 있는 트랜지스터 숫자는 18개월마다 2배로 증가할 것이다." 1968년 미국 반도체 연구원 고든 무어는 이렇게 예언했다. 당시 반도체 칩 하나에는 약 2000개의 트랜지스터가 달려 있었다. 그게 사실이라면, 10년 후에는 트랜지스터가 10만 개가, 다시 10년 후에는 100만 개, 21세기에는 10억 개가 된다. 사람들은 정말 그게 가능할까 의심을 품었다. 무어의 예언은 현실이 되었다. 사람들은 이것을 '무어의 법칙'이라 불렀다. 하지만 2010년을 기점으로 무어의 법칙은 빗나가기 시작했다. 트랜지스터의 크기를 계속 줄이는 데에 한계를 드러낸 것이다. 2016년 과학 잡지 「네이처」는 무어의 법칙이 폐기되었다고 공식 선언했다.

은 한정적이니까요.

50년 전 손톱 크기의 반도체 칩 하나에 6개의 트랜지스터가 심겨 있었어요. 오늘날 하나의 반도체 칩에는 에이즈 바이러스의 8분의 1, 적혈구의 500분의 1 크기의 트랜지스터 수백 억 개가 박혀 있어요. 덕분에 컴퓨터 성능은 급속도로 향상되었지만 예상치 못한 부작용도 발생했어요. 트랜지스터 크기가 원자 수준으로 줄어들면서 애들이 갑자기 전에 안 하던 짓을 하기 시작했어요. 미시 세계의 양자들에게서나 보이던 특이한 행동 패턴이 나타났지요. 양자역학의 지배를 받게 된 거예요.

벽을 뚫고 나간다, 양자 터널링

'삼성전자 7나노 공정 개발!'

'대만 반도체 회사 TSMC 5나노 공정 성공!'

반도체 관련 뉴스에 '나노'라는 단어가 단골로 등장해요. 나노는 나노미터(nm)의 줄임말이에요. 1나노미터는 10억분의 1미터, 대략 머리카락 굵기의 5만분의 1이에요.

현미경으로 반도체 칩을 들여다보면 촘촘한 선들을 볼 수 있어요. 전자 신호가 지나가는 회로 선이에요. 반도체 회사가 얼마나 회로 선폭을 가늘게 만드느냐, 이것이 오늘날 반도체 기업의 기술력과 경쟁력을 측정하는 지표예요. 1980년대에는 100나노미터가 가장 뛰어난 기술이었어요. 1990년대에는 절반 굵기인 50나노미터, 현재는 5나노 수준까지 이르렀어요.

그런데 회로 선폭이 극도로 좁아지면서 전자들이 갑자기 다른 길로 새기 시작했어요. 이것을 양자 터널링이라 불러요. 양자 터널링은 전자와 같은 양자가 얇은 에너지 벽을 만났을 때, 마치 터널을 뚫고 지나가는 것 같은 현상을 말해요. 실제로 벽에 두두두 구멍을 뚫는

게 아니라, 그냥 유령처럼 쓰윽 통과해요. 말도 안 되는 이야기처럼 들리겠지만 엄연한 사실이랍니다.

    트랜지스터는 전류의 흐름을 조절하는 스위치예요. 이렇게 전자가 제멋대로 돌아다니면 트랜지스터는 제 기능을 수행할 수 없어 반도체는 오작동을 일으켜요. 과학자들은 걱정하기 시작했어요. 반도체 공정이 미세화될수록 양자 터널링 현상은 더욱 자주 발생할 테고, 그럼 컴퓨터 성능도 한계에 다다르는 게 아닐까 하고 말이에요. 순항하던 컴퓨터 산업은 양자 터널링이라는 거대한 암초를 만났어요. 그 대안으로 주목받는 것이 양자 컴퓨터예요.

쇼어 알고리즘은 뭘까?

1983년 미국의 물리학자 리처드 파인만은 연구실의 컴퓨터의 느린 속도가 매우 답답했어요. 더 빠른 컴퓨터를 원했던 파인만은 자신이 연구하던 양자역학에서 힌트를 얻었어요.

'양자역학을 이용한 컴퓨터를 만들면 어떨까?'

이것이 양자역학 컴퓨터의 시작이었어요.

1994년 미국 컴퓨터 과학자 피터 쇼어는 재미있는 논문을 썼어요. 그것은 암호 방식과 관련된 내용이었어요.

여러분은 수학 시간에 소수를 배웠을 거예요. 소수란 3, 5, 7처럼 1과 자기 자신만으로 나누어지는 숫자를 말해요. 이제 그 소수끼리 곱셈을 해 볼게요.

13×17=(221)

쉬운 문제예요. 암산을 잘하는 친구라면 5초 이내에 풀 수도 있어요. 그럼 다음 문제는 어떨까요?

221=(　)×(　)

이번에는 식이 거꾸로예요. 아까는 분명히 쉬웠는데 반대로 놓으면 난

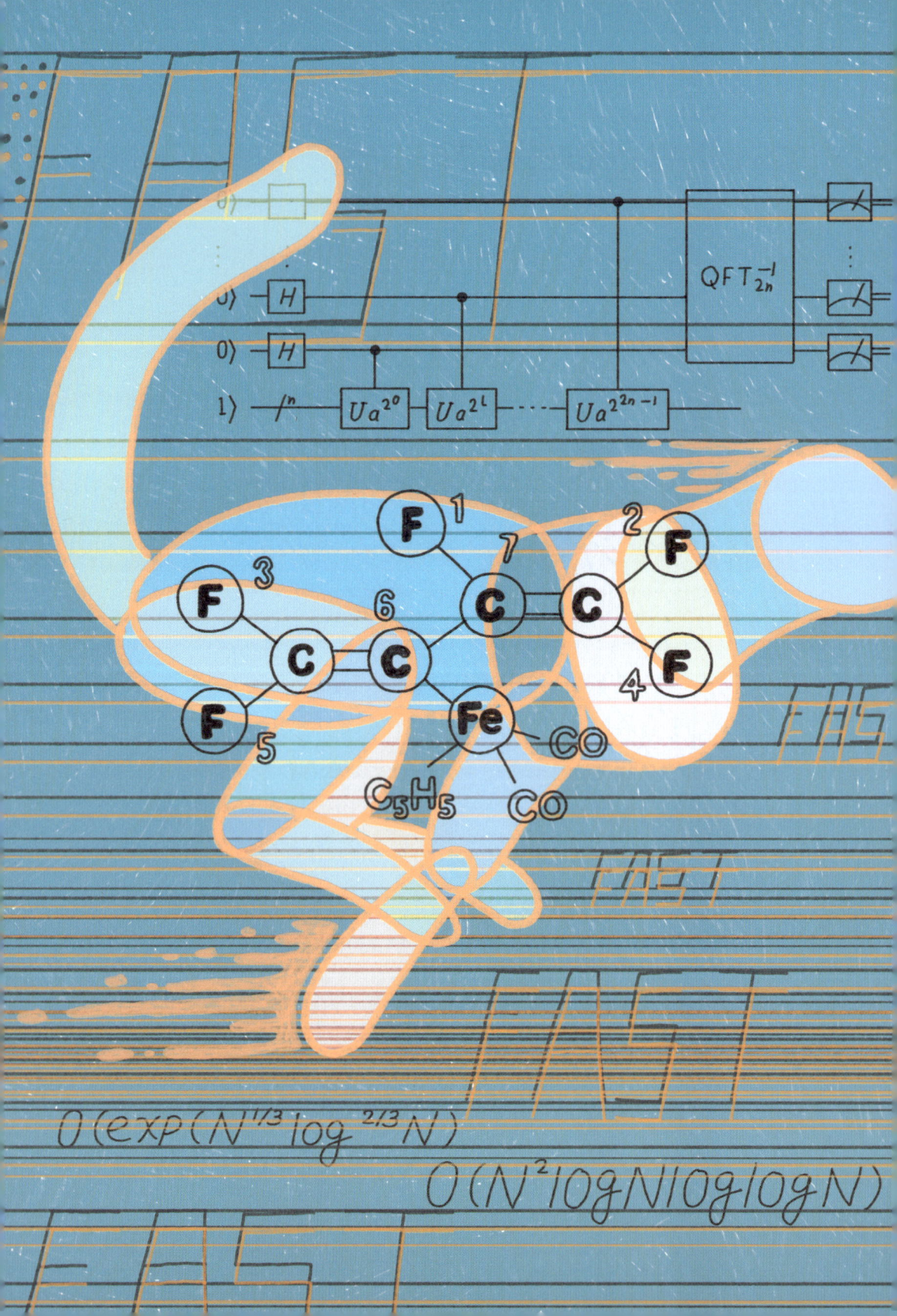

도가 대폭 상승해요. 답을 구하려면 221을 하나하나 소인수분해해야 해요. 숫자가 221보다 크면 계산 시간은 더욱 늘어나요. 만일 두 소수를 곱한 값이 617개의 자릿수를 가진 숫자라면 인간의 능력으로는 영원히 풀 수 없어요. 일반 컴퓨터로 계산해도 10억 년 이상 걸려요. 앞에서 소개한 공개 키 방식 암호는 이 원리로 만들어졌어요. 두 개의 소수를 구해야만 암호를 풀 수 있도록 말이에요. 그래서 공개 키는 매우 안전한 방식으로 알려져 있어요.

그런데 쇼어는 양자 컴퓨터라면 100초면 충분하다고 주장했어요. 커피 한 잔 마시는 시간보다 빠르게 풀 수 있어요. 이것을 쇼어 알고리즘이라고 불러요. 쇼어 알고리즘 논문은 과학계에 충격을 던졌어요. 이게 정말 가능하다면, 컴퓨터 산업에 신세계가 열리는 거예요. 흥분한 전 세계는 너도나도 양자 컴퓨터 개발에 뛰어들었어요.

큐비트란 무엇일까?

일반 컴퓨터는 정보 단위로 비트(bit)를 사용해요. 비트는 0과 1로 되어 있어요. 1비트는 0과 1 둘 중의 하나만 나타낼 수 있어요. 반면 양자 컴퓨터는 큐비트(Qubit)를 사용해요. '큐(Qu)'는 양자를 뜻하는 영어 '퀀툼(Quantum)'의 첫 두 글자를 가리켜요. 그럼 비트와 큐비트는 어떻게 다를까요?

양자 컴퓨터는 양자의 중첩 현상을 이용해요. 그래서 0과 1을 동시에 가질 수 있어요. 동시에 가질 수 있다는 말은 0과 1 두 개를 모두 나타낼 수 있다는 뜻이기도 해요. 아직 잘 모르겠다고요? 그럼 이해를 돕기 위해 큐비트를 중국 음식에 비유해 볼게요.

철수는 신장 개업한 중국집 '양자강'에 짬짜면을 주문했어요. 배달원이 가져온 철가방 속에는 짬짜면 한 그릇이 들어 있어요. 짬짜면은 짬뽕과 짜장면의 상태를 모두 가진 양자 중첩 상태를 상징해요. 철가방을 여는 순간, 짬짜면은 측정이 되고 중첩 상태는 붕괴해 짜장면으로 변했어요. 철수가 철가방을 문을 닫고 다시 열었더니 이번에는 짬뽕이 나타났어요. 짬짜면 한 그릇으로 짜장면과 짬뽕, 두 가지 상태를 모두 나타낼

수 있는 거예요.

짬짜면 한 그릇은 큐비트 1개를 상징해요. 즉, 1큐비트는 2개의 정보를 표현할 수 있어요. 그런데 철가방 속 짬짜면이 두 그릇(2큐비트)이라면 어떻게 될까요?

2큐비트는 4개의 정보를 나타낼 수 있어요. 짬짜면이 3그릇(3큐비트)이면 8개의 정보를, 4그릇(4큐비트)이면 16개를, 5그릇(5큐비트)이면 32개예요. 이렇게 양자 컴퓨터는 큐비트 숫자만큼 2를 연속으로 곱한 정보량을 한꺼번에 처리할 수 있어요. 그 정보량은 큐비트 숫자가 증가할수록 폭발적으로 늘어나요. 큐비트가 54개면 1800경이 넘어요. 구글이 개발한 양자 컴퓨터 시커모어가 54큐비트예요.

양자 컴퓨터의 놀라운 점은 동시 계산이 가능하다는 거예요. 20개의 문제를 풀 때, 일반 컴퓨터는 1번부터 차례차례 계산해요. 1초에 한 문제를 푼다면, 20초가 걸려요.

양자 컴퓨터는 동시에 20개의 문제를 풀 수 있어요. 20개의 뇌와 20개의 눈과 20개의 손을 가진 괴물처럼 말이에요. 그래서 양자 컴퓨터는 기존의 컴퓨터와 비교할 수 없을 만큼 연산 속도가 빨라요. 슈퍼컴퓨터가 1만 년이 걸리는 계산을 시커모어가 3분 20초 만에 푼 것은 절대로 과장이 아니에요.

양자 컴퓨터는 세상을 바꿀 수 있을까?

수험생이나 밤을 새워 일하는 사람은 커피를 많이 마셔요. 커피 속 카페인이 잠을 쫓아 주는 각성 작용을 하기 때문이에요. 그런데 카페인이 어떻게 각성 작용을 하는지는 아무도 몰라요. 각성 작용의 원리를 알려면 카페인의 분자 구조와 원자들의 상호 작용, 에너지 크기 등등을 파악해야 해요. 전 세계 반도체를 죄다 긁어모아 분석해도 불가능해요. 하지만 양자 컴퓨터라면 가능해요.

양자 컴퓨터의 출현을 가장 반기는 분야는 화학이에요. 여러분은 전 세계 에너지의 2퍼센트를 먹어 치우는 산업이 무엇인지 아나요? 비료 산업이에요. 비료는 암모니아로부터 만들어져요. 암모니아를 생산하려면 높은 압력과 온도가 필요한데 이 공정에 막대한 에너지가 필요해요. 그런데 암모니아는 자연 상태에서도 만들어져요. 훨씬 낮은 에너지만 가지고도 말이에요. 만일 인류가 이것을 활용해 비료를 생산할 수 있다면 에너지 소모를 크게 줄일 수 있을 거예요. 그러려면 자연에서 암모니아를 생산하는 물질의 분자 구조를 분석해야 하는데 일반 컴퓨터는 10^{32} 숫자만큼의 비트가 필요해요. 1 뒤에 무려 32개의 동그라미가 붙는 천문학적

숫자예요. 하지만 양자 컴퓨터는 108개의 큐비트면 충분해요.

양자 컴퓨터가 복잡한 단백질 3차원 구조를 분석해 준다면 희귀병과 난치병을 치료하는 신약 개발 시기도 앞당길 수 있어요. 또, 동시에 많은 작업을 수행하는 양자 컴퓨터는 인터넷 정보 검색에서도 새로운 시대를 열 거예요. 날씨와 지진과 태풍과 같은 자연재해의 예측도 지금과는 비교도 할 수 없을 만큼 정확하고 신속해질 거예요. 그 밖에도 IT 산업과 교통, 항공 우주, 금융에서도 양자역학 컴퓨터가 큰 역할을 할거예요.

하지만 빛이 강하면 그림자도 짙은 법이에요. 양자 컴퓨터 기술이 테러 단체의 손에 들어가는 순간 총구는 인류를 향할 수도 있어요. 가장 큰 우려는 암호 시스템의 붕괴예요. 한 캐나다 연구기관은 2031년이 되면 현행 암호체계 절반이 양자 컴퓨터에 의해 함락될 거라 예측했어요. 양자 컴퓨터의 무시무시한 계산 능력은 철통같은 보안 시스템을 가볍게 뚫고 들어가 개인 정보와 계좌에 든 돈, 핵 미사일 비밀번호까지 탈취할 수 있어요.

불행 중 다행인 것은, 양자 컴퓨터 기술이 아직 완전하지 않다는 사실이에요. 양자 컴퓨터를 가동하려면 양자의 중첩 상태를 유지해야 하는데, 양자의 중첩 상태는 대단히 민감해서 쿠키보다 잘 깨어져요. 약간의 진동과 온도와 압력, 미세한 기체 입자만 감지되어도 중첩은 와장창 붕괴하고 말지요. 완벽한 진공 상태와 완벽한 어둠, 소리와 진동을 차단하고 영하 273도가 보장되는 환경에서만 작동할 수 있어요. 가격도 한 대에 수백억 원이 훌쩍 넘어요. 전문가들은 양자 컴퓨터가 상용화되려면 최소 2030년 이후에나 가능할 거라 보고 있어요.

양자 컴퓨터와 비트코인

구글이 양자 컴퓨터 시커모어를 발표한 그날, 비트코인 가격은 6퍼센트 이상 폭락했어요. 비트코인이 뭘까요? 왜 양자 컴퓨터가 등장했는데 비트코인 가격이 내려갔을까요?

비트코인은 암호화폐의 하나예요. 암호화폐는 주식이나 외화처럼 거래소에서 거래되지요. 비트코인은 최초의 암호화폐이자 암호화폐의 왕이에요. 한국 주식 시장의 대장이라 불리는 삼성전자 같은 존재지요. 아니, 영향력에서는 삼성전자를 능가해요. 가짓수만 1만 개가 넘는 암호화폐에서 비트코인 비중은 거의 절반이에요.

비트코인이 대중 앞에 처음 모습을 드러낸 건 2009년이었어요. 비트코인은 일본 프로그래머 사토시 나카모토가 개발했어요. 그래서 사람들은 사토시를 '비트코인의 아버지'라 불러요. 그런데 사토시의 정체는 여태껏 베일에 싸여 있어서 누구도 본 사람이 없어요. 일본인이 아니라는 설도 있고, 그런 사람은 처음부터 없다는 설도 있고, 어떤 비밀 단체가 허수아비로 내세운 이름이라는 설도 있어요.

한국의 원화, 일본의 엔화, 미국의 달러화 등등 각 나라가 사용하는 화폐는 중앙정부, 즉 국가가 발행해요. 개인은 절대로 화폐를 발행할 수 없지요.

적발되면 통화 위조죄로 큰 벌을 받아요. 중앙정부는 화폐만 발행하는 게 아니라 통제도 해요. 나라에 돈이 부족하면 화폐를 공급하고, 돈이 너무 많으면 화폐를 회수해요. 경제학 용어로 이것을 통화 정책이라 불러요. 비트코인은 여기에 도전장을 던졌어요.

"왜 중앙정부만 화폐 발행을 독점해야 해?"

친구에게 돈을 송금하려면 은행에 가야 해요. 회사에서 지급하는 월급도 은행 계좌로 들어가요. 우리가 거래하는 돈 대부분은 은행과 같은 금융기관을 거치지요.

"은행을 거치지 않고 우리끼리 거래하는 방법은 없을까?"

이것이 비트코인 탄생의 아이디어였어요.

철수와 영희와 준석이는 친구예요. 철수가 영희에게 100만 원을 빌려 줘요. 철수와 영희는 물론 준석이까지 거래 장부에 '철수가 영희에게 100만 원 꿔 줬음'이라고 적어요. 참가자들의 거래 내용을 적은 장부를 모든 참가자가 나눠 가지는 거예요. 이렇게 되면 영희가 "나 철수에게 돈 빌린 적 없는데?"라고 시치미를 떼도 준석이에게 장부가 있어 그럴 수 없어요. 거래를 증명해 주는 은행 역할을 참가자들이 하는 거예요.

이 거래 내용을 기록한 장부를 블록이라고 불러요. 거래가 늘어나서 장부(블록)가 꽉 차면 새로운 장부(블록)를 만들어야 해요. 옛날 장부처럼 창고나 서랍에 넣어 두는 게 아니라 새 장부와 연결해서 사용해요. 그래야 언제든지 옛날 거래 내용을 확인할 수 있으니까요. 블록과 블록이 체인처럼 연결된 구조라고 해서 블록체인이라 부르지요.

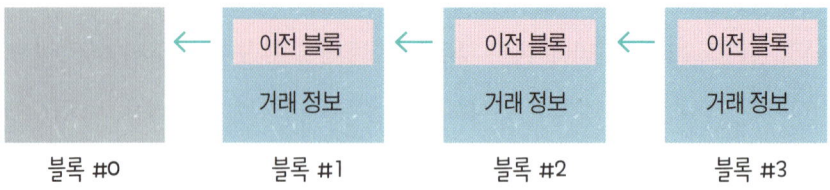

블록체인의 기본 구조

  그런데 새로운 블록(장부)을 만들려면 여러 가지 작업이 필요해요. 철수의 거래 내역부터 먼저 넣을까요? 아니면 영희의 거래 내역? 아니면 준석이의 거래 내역? 이 작업은 아무나 할 수 없어요. 참가자가 아닌 다른 사람이 거래 내역을 볼 수 없도록 하나하나 암호로 만들어야 하기 때문이에요. 암호화폐라는 이름이 붙은 것도 이것 때문이에요.

  이 귀찮은 작업을 해 주는 사람에게는 보상이 주어져요. 비트코인을 지급하는 거예요. 그러자 철수와 영희와 준석이가 서로 하겠다고 지원했어요. 세 사람에게 수학 퀴즈를 내서 가장 먼저 푼 사람에게 비트코인을 지급해요. 이것을 채굴이라 해요. 비트코인이 석탄도 아닌데 왜 채굴이라고 할까요? 그것은 비트코인 발행량이 2100만 개로 딱 정해져 있기 때문이에요. 채굴을 계속하면 언젠가 고갈되는 석탄처럼 말이에요.

  2010년에는 비트코인 1만 개를 가져가면 피자 두 판을 겨우 살 수 있었어요. 지금은 비트코인 하나로 고급 승용차를 살 수 있어요. 비트코인 가격은 지난 10년간 무려 900만 퍼센트 상승했어요. 그러자 더 많은 참가자가 일확천금을 노리고 수학 퀴즈에 참가했어요. 경쟁률이 치열해지면서 수학 문제의 난도도 극도로 높아졌어요. 예전에는 일반 컴퓨터 한 대로 능히 문제를 풀 수 있었으나 지금은 최고급 사양의 컴퓨터 수백 대를 연결해도 풀 수 있을까 말까예요. 채굴만 전문적으로 하는 단체가 우후죽순 생겨났지요.

문제는 양자 컴퓨터의 등장이에요. 양자 컴퓨터의 괴물 같은 계산 능력이라면 슈퍼컴퓨터도 쩔쩔매는 수학 문제를 단 몇 초 만에 풀 수 있어요. 양자 컴퓨터는 남은 비트코인을 싹쓸이할 것이고, 양자 컴퓨터 소유자는 단숨에 세계적 갑부로 등극할 거예요.

이게 끝이 아니에요. 비트코인은 공개 키 방식의 철통같은 암호체계를 갖고 있어요. 하지만 양자 컴퓨터는 모든 암호체계를 단숨에 허물 수 있어요. 보안이 생명인 암호화폐에서 암호가 노출되면 비트코인은 그 존재 가치가 없어져요. 비트코인 생태계가 파괴되는 거예요. 양자 컴퓨터 뉴스에 비트코인 가격이 폭락한 이유랍니다.

Chapter 6
우리 생활 속 양자역학

"양자역학을 보고도 제정신인 사람은 제대로 이해하지 못한 것이다."
-덴마크 물리학자 닐스 보어

"이론과 실험이 일치하며 동시에 심오한 수학적 아름다움을 갖췄지만 이건 전혀 말이 안 된다!"
-영국 물리학자 로저 펜로즈

"양자역학을 이해한 사람은 아무도 없다."   -미국 물리학자 리처드 파인만

"누군가 슈뢰딩거 고양이 이야기를 꺼낸다면, 나는 총을 꺼낼 것이다."
-영국 물리학자 스티븐 호킹

양자역학은 과학자들에게도 어렵다. 천재 물리학자들도 저렇게 생각하는데, 무슨 수로 우리가 이해할 수 있을까 하며 사람들은 겁을 집어먹고 포기해 버린다.

양자역학은 어렵기도 하지만 내용도 기괴해 비현실적으로 들린다. 양자역학으로 과연 무엇을 할 수 있을까 하는 의문마저 든다. 하지만 우리가 일상에서 누리는 현대 기술 문명의 상당 부분은 양자역학을 기반으로 하고 있다. 단지 우리가 눈치를 채지 못하는 것뿐이다.

양자역학이 없으면 전자 문명도 없다

원자는 공갈빵과 비슷해요. 99.99퍼센트 이상이 텅 비어 있어요. 원자로 이루어진 인간과 의자, 땅과 문도 거의 비어 있어요. 이 말대로라면, 우리는 걸을 수 없고, 앉을 수 없으며, 손으로 문을 열 수 없어요. 텅 빈 물질끼리 만나면 쓱 통과해 버릴 테니까요. 바람과 바람이 마주치는 것처럼 말이에요.

그런 일이 일어나지 않는 이유는 전자 때문이에요. 물질이 접촉하는 순간, 원자 내부에 있는 전자들이 서로 밀어내요. 이 밀어내는 힘 덕분에 우리는 의자에 앉을 수 있고, 땅속으로 꺼지지 않고 걸을 수 있으며 방문 손잡이를 열 수 있어요.

그런데 엄밀히 말하면, 우리의 신발은 땅에 붙어 있지 않고, 엉덩이도 의자에 밀착되어 있지 않아요. 신발과 땅 사이, 엉덩이와 의자 사이에는 10억분의 몇 밀리미터의 공간이 있어요. 전자들끼리 밀어내는 과정에서 생성된 공간이에요. 말하자면, 우리는 공중 부양 상태예요. 단지 그 공간이 극도로 미세해 우리는 붙어 있다고 느껴요. 양자역학은 이런 독특한 전자의 성질과 움직임을 설명하는 과학이에요.

우리가 사용하는 모든 전자제품은 양자역학이 설명하는 전자 원리로 작동해요. 양자역학이 없다면 컴퓨터, 스마트폰, 텔레비전, 세탁기, 냉장고는 발명되지 않았을 거예요. 그리고 인류의 기술 문명은 양자역학이 탄생한 100년 전 시간에서 지금도 멈춰 있었을 거예요.

세상에서 가장 정확한 시계

스마트폰과 자동차 네비게이션에 장착된 위치 확인 시스템에는 원자시계가 내장되어 있어요. 원자시계는 지구상에서 가장 정확한 시계예요. 수십억 분의 1초를 측정할 수 있고, 수십만 년에 1초 정도 틀릴까 말까예요.

굳이 그 정도로 정확한 시계가 필요할까라고 생각할 수도 있어요. 우리가 사용하는 시간은 지구의 자전에 맞춰져 있어요. 지구의 자전은 규칙적이지 않아서 미세한 오차가 발생해요. 대략 지구가 한 바퀴 돌 때마다 0.002초의 차이가 벌어져요. 이것을 계속 내버려 두면 오차는 1초로 커져요. 실제 시간과 1초만 달라도 우리 사회에 큰 혼란이 발생해요. 스마트폰 전파가 섞여 엉뚱한 사람에게 연결되고, 자동차 GPS는 엉뚱한 목적지를 가리키고, 은행에 돈을 송금할 때 해킹을 당해 돈을 털릴 수 있어요. 그래서 주기적으로 1초를 조정해 주는 작업을 해야 하는데 이 역할을 원자시계가 담당해요.

원자시계는 양자 얽힘 원리로 만들어졌어요. 양자 얽힘은 얽혀 있는 두 개의 양자는 아무리 멀리 떨어져 있어도 하나의 상태가 결정

되면 동시에 다른 양자도 영향을 받는 양자역학 이론이에요. 하나의 원자시계의 시간이 결정되면 얽혀 있는 모든 원자시계도 오차 없이 똑같은 시간을 가리키는 거예요.

전자계산기와 USB

태양 빛을 전원으로 작동하는 전자계산기가 있어요. 태양전지로 작동하는 거예요. 태양전지는 태양 빛 에너지를 전기 에너지로 바꾸는 장치예요. 태양전지는 1장에 나오는 양자역학의 광전효과를 이용해요. 광전효과란, 금속 등의 물질이 빛을 받으면 전자를 내보내는 현상이에요. 태양 빛을 계산기에 쪼이면 전자가 튀어나오고, 이 튀어나온 전자가 흘러서 전자계산기가 작동하는 거랍니다. 광전효과는 태양광을 이용해 전력을 생산하는 태양광 발전에도 사용되어요. 또 인공위성과 행성 탐사로봇, 우주 정거장도 태양 빛을 이용해 움직여요. 지구와 멀리 떨어진 우주 공간에는 인간이 에너지를 공급할 방법이 없기 때문이에요.

그 밖에도 사람을 감지하면 자동으로 불이 켜지는 센서등과 자동으로 문이 열리는 출입문, TV 리모컨, 복사기와 레이저 프린터, 팩스기, 우리 몸을 가르지 않아도 촬영 한 번으로 신체 내부를 파악할 수 있는 엑스레이도 광전효과를 이용해요.

우리가 음악 파일이나 사진, 문서를 저장하는 USB는 양자역학의 양

자 터널링 현상을 이용한 제품이에요. 5장에 소개한 양자 터널링은 전자가 벽을 스르륵 통과하는 현상이에요. USB는 데이터를 전자 형태로 저장하는 메모리 장치예요. 그런데 USB에 정보를 저장하는 공간 주변으로는 전자가 흐르지 못하는 절연체가 둘러싸고 있어요. 말하자면, 벽에 막혀 있는 거예요. 이때, 전원을 공급하면 양자 터널링이 발생해 거짓말처럼 전자가 벽을 통과해 저장 공간으로 들어간답니다.

철새의 이동과 광합성

두루미, 왜가리, 기러기는 계절에 따라 이동하는 대표적인 철새예요. 나침판도 지도도 없는 철새가 수만 킬로미터를 날아 목적지로 가는 현상은 인류의 오래된 수수께끼였어요. 2021년 독일, 영국, 미국, 중국의 공동 연구팀은 철새의 하나인 울새를 연구하다 놀라운 사실을 알아냈어요. 울새의 몸에 생체 나침반이 있다는 걸 알아낸 거예요. 나침반은 북쪽과 남쪽을 가리키는 도구이고, 나침반 바늘은 자석으로 만들어졌어요. 지구도 하나의 커다란 자석이에요. 그래서 나침반은 항상 북쪽과 남쪽을 가리킨답니다.

울새는 눈에 빛이 들어오면 얽혀 있는 두 개의 전자가 생성되어요. 하나의 전자가 북쪽을 가리키면 나머지 전자는 남쪽을 가리켜요. 마치 나침반의 바늘처럼 말이에요. 앞에서 소개한 스핀 현상, 즉 양자 얽힘이에요. 공동 연구팀은 울새가 양자 나침반을 이용해 정확하게 목적지를 찾아간다고 분석했어요.

이렇게 양자역학을 생물학에 접목한 과학을 양자생물학이라고 불러요. 양자생물학은 그동안 기존 물리학으로 설명할 수 없었던 많은 생

명 현상을 새롭게 해석하고 있어요. 대표적인 것이 식물의 광합성이에요. 광합성은 녹색 식물이 빛 에너지를 이용해 이산화탄소와 물로부터 탄수화물과 산소를 생산하는 것을 말해요. 식물은 광합성으로 생존에 필요한 영양분을 얻고, 덤으로 인간을 비롯한 많은 지구의 생명체에게 꼭 필요한 산소를 공급해 줘요.

식물의 잎에는 식물이 녹색을 띠게 하는 초록색 색소인 엽록소가 있어요. 식물의 광합성은 이 엽록소에서 일어나요. 엽록소에는 빛에 민감하게 반응하는 빛 수용기가 있는데, 빛 수용기에는 마그네슘 원자가 존재해요. 마그네슘은 금속이에요. 그리고 금속은 빛을 받으면 광전효과에 의해 전자를 방출하지요. 이 방출하는 전자를 이용해 식물은 광합성을 할 수 있어요.

뿐만이 아니에요. 양자생물학은 유전 물질인 DNA의 구조와 돌연변이가 발생하는 이유, 생명체가 냄새를 맡고 볼 수 있는 다양한 감각의 작용과 심지어 인간의 의식까지도 설명할 수 있다고 말해요.

멀게만 느껴졌던 양자역학이 우리 생활 속에 숨 쉬고 있다는 사실이 놀랍지 않나요? 과학 기사를 게재하는 영국의 한 저널리스트는 "2014년 시점에서 선진국 GDP(국내 총생산)의 35퍼센트는 양자역학 원리에 의해 만들어졌다."라고 말했어요.

양자역학은 인류가 만들어 낸 가장 정확한 이론으로 평가받고 있어요. 물질의 성질부터 우주의 기원과 진화, 최근에는 철학과 세계관에까지 양자역학은 빠르게 영토를 확장하고 있어요. 양자역학이 없는 현대 문명은 이제 상상도 할 수 없어요.

양자역학은 인간의 상식을 뛰어넘는 파격적인 이론 때문에 탄생 과정에서부터 많은 저항과 비난을 받았어요. 천재 과학자 아인슈타인조차 죽을 때까지 양자역학을 거부했어요. 그럴 때마다 양자역학 과학자들은 말해요. 이해하려고 하지 말고 받아들이라고, 우주는 원래 그런 것이라고. 우주에 문제가 있는 게 아니라, 그렇게 생각하는 당신에게 문제가 있는 거라고. 미국 물리학자 데이비드 머민은 양자역학을 의심하는 사람들에게 이렇게 말했어요.

"닥치고 계산이나 해(Shut up and calculate)."

전자와 전류의 방향이 다른 이유

초등학교 과학 교과서에는 건전지에 연결해 꼬마 전구에 불을 밝히는 대목이 나와요.

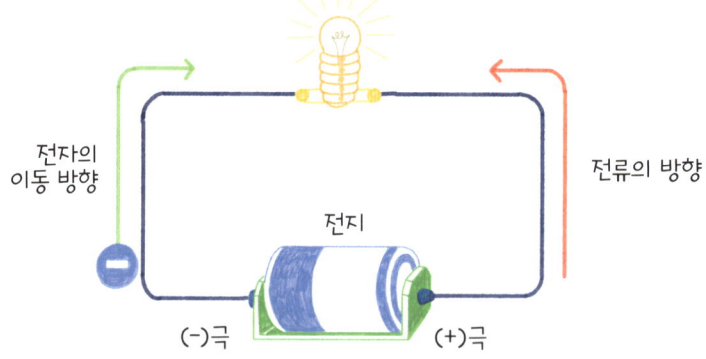

이 그림에 따르면, 전류는 플러스(+)에서 마이너스(-)로 이동하고, 전자는 반대로 마이너스(-)에서 플러스(+)로 움직여요. 엄밀히 말하면, 이것은 사실과 달라요. 전류와 전자는 모두 마이너스(-)에서 플러스(+)로 이동해요. 그럼 교과서가 잘못된 것일까요? 여기에는 그럴 수밖에 없었던 딱한 사정이 담겨 있어요.

인류는 수천 년 전부터 전기의 존재를 알고 있었어요. 2500여 년 전, 고대 그리스 철학자 탈레스는 광물의 일종인 호박을 양털에 문질렀더니 종이나 털 등 가벼운 물체를 끌어당기는 현상을 발견했어요. 바로 정전기였어요. 후대의 과학자들이 탈레스가 발견한 이 현상에 그리스어로 호박을 뜻하는 일렉트론(Elektron)이라는 이름을 붙였어요. 전기를 뜻하는 영어 일렉트리시티(Eletricity)는 여기서 유래했어요.

　이때부터 과학자들은 본격적으로 전기에 관해 연구하기 시작했어요. 벼락을 맞으면 땅속으로 전류를 흘려보내는 피뢰침도 만들고, 건전지도 만들고, 수많은 전기 법칙도 만들었어요. 전기는 전류가 흐르는 현상이에요. 과학자들은 전류가 플러스(+)에서 마이너스(-)로 흐른다고 생각했어요. 그러나 그들은 전류의 정체가 뭔지는 알지 못했어요.

　1897년 영국 물리학자 J.J 톰슨은 최초로 전자를 발견했어요. 톰슨은 앞에서 소개한 감자 캐던 과학자 러더퍼드의 스승이에요. 전류의 정체는 전자의 이동이에요. 전류가 강물이라면, 전자는 물방울이에요. 전자는 마이너스(-) 성질을 띠어요. 자석이 같은 극끼리 밀어내고 다른 극끼리는 끌려가듯, 마이너스(-)인 전자도 플러스(+) 쪽으로 이동해요. 그 말은 전류도 마이너스(-)에서 플러스(+)로 이동한다는 뜻이 돼요. 이 사실에 과학자들은 혼비백산했어요.

　이런 중요한 사실에 오류가 있다니, 지금이라도 과학 교과서를 다시 써야 하나 사람들은 고민에 빠졌어요. 하지만 이제 와서 바꾸기란 쉬운 일이 아니었어요. 당장 전류가 마이너스(-)로 흐른다는 가정 하에 만든 수많은 전기 법칙부터 수정해야 해요. 그렇게 알고 졸업한 수백만 명의 사람들에게는 또

 뭐라고 말하지요? "사실은 그게 아니야, 다시 와서 배워."라고 말할 수는 없었어요. 전자가 너무 늦게 발견된 게 문제였어요.
 결국, 과학자들은 합의를 봤어요. 전류의 방향은 건드리지 않고, 전자의 방향만 마이너스(-)에서 플러스(+)로 이동하는 것으로요. 그것이 지금 우리가 알고 있는 전자와 전류의 방향이에요.